DEFT 2012 Workshop: Text Mining Challenge

AA005845

Held at JEP-TALN-RECITAL 2012

Grenoble, France
4 – 7 June 2012

Editors:

Cyril Grouin
Dominic Forest
Gilles Serasset

ISBN: 978-1-62276-494-5

Printed from e-media with permission by:

Curran Associates, Inc.
57 Morehouse Lane
Red Hook, NY 12571

CURRAN ASSOCIATES INC. proceedings.com

Some format issues inherent in the e-media version may also appear in this print version.

Copyright© (2012) by the Association for Computational Linguistics
All rights reserved.

Printed by Curran Associates, Inc. (2012)

For permission requests, please contact the Association for Computational Linguistics at the address below.

Association for Computational Linguistics
209 N. Eighth Street
Stroudsburg, Pennsylvania 18360

Phone: 1-570-476-8006
Fax: 1-570-476-0860

acl@aclweb.org

Additional copies of this publication are available from:

Curran Associates, Inc.
57 Morehouse Lane
Red Hook, NY 12571 USA
Phone: 845-758-0400
Fax: 845-758-2634
Email: curran@proceedings.com
Web: www.proceedings.com

Préface

Créé en 2005 à l'image des campagnes d'évaluation internationales TREC *(Text Retrieval Conference)*, le défi fouille de texte (DEFT) propose chaque année une campagne d'évaluation francophone en fouille de texte, sur des thématiques et des corpus régulièrement renouvelés.

Plusieurs champs d'activité ont ainsi été abordés au cours des différentes éditions : les ruptures de style en 2005, la segmentation thématique en 2006, la fouille d'opinion en 2007 puis de nouveau en 2009, la classification en genres et thèmes en 2008, et la variation diachronique en 2010 et 2011.

Les campagnes ont porté sur des corpus de discours politiques (de 2005 à 2007), des corpus de critiques grand public sur des livres, des films et des jeux vidéo (en 2007), et des corpus de journaux contemporains (en 2008 et 2009) ou anciens (en 2010 et 2011).

A partir de 2011, un nouveau type de documents a été utilisé dans le défi : les articles scientifiques qui ont paru en revues dans le domaine des Sciences Humaines et Sociales. Plusieurs applications ont ainsi été envisagées sur la base de ce nouveau corpus. En 2011, une tâche d'appariement entre un article scientifique et le résumé qui lui correspond a été proposée, dans une perspective d'identification des éléments saillants d'un article à mettre en avant dans le résumé ; cette édition a permis aux participants d'obtenir d'excellents résultats. Pour cette nouvelle édition, nous proposons de travailler sur l'indexation des articles scientifiques dans une tentative d'identification des mots-clés choisis par les auteurs pour indexer leur article.

Cyril Grouin et Dominic Forest, *co-présidents du Comité de Programme*

Comités

Comité de programme

Daille, Béatrice (LINA, Nantes)

Forest, Dominic (EBSI, Université de Montréal), *co-président*

Grouin, Cyril (LIMSI–CNRS, Orsay), *co-président*

Paroubek, Patrick (LIMSI–CNRS, Orsay)

Torres-Moreno, Juan Manuel (LIA, Avignon)

Zweigenbaum, Pierre (LIMSI–CNRS, Orsay)

Comité d'organisation

Forest, Dominic (EBSI, Université de Montréal)

Grouin, Cyril (LIMSI–CNRS, Orsay)

Paroubek, Patrick (LIMSI–CNRS, Orsay)

Ponton, Claude (Lidilem, Université Stendhal Grenoble 3)

Zampa, Virginie (Lidilem, Université Stendhal Grenoble 3)

Zweigenbaum, Pierre (LIMSI–CNRS, Orsay)

Sponsors

ATALA

Association pour le Traitement Automatique des Langues.

Projet DoXa

Financement Cap Digital.

Table des matières

Présentation et résultats

Méthodes des participants

Indexation libre et contrôlée d'articles scientifiques
Présentation et résultats du défi fouille de textes DEFT2012

Patrick Paroubek[1] Pierre Zweigenbaum[1] Dominic Forest[2] Cyril Grouin[1]
(1) LIMSI–CNRS, Rue John von Neumann, 91403 Orsay, France
(2) EBSI, Université de Montréal, C.P. 6128, succursale Centre-ville, Montréal H3C 3J7, Canada
{pap,pz,grouin}@limsi.fr, dominic.forest@umontreal.ca

RÉSUMÉ

Dans cet article, nous présentons la campagne 2012 du défi fouille de texte (DEFT). Cette édition traite de l'indexation automatique par des mots-clés d'articles scientifiques au travers de deux pistes. La première fournit aux participants la terminologie des mots-clés employés dans les documents à indexer tandis que la seconde ne fournit pas cette terminologie, rendant la tâche plus complexe. Le corpus se compose d'articles scientifiques parus dans des revues de sciences humaines, indexés par leurs auteurs. Cette indexation sert de référence pour l'évaluation. Les résultats ont été évalués en termes de micro-mesures sur les rappel, précision et F-mesure calculés après lemmatisation de chaque mot-clé. Dans la piste fournissant la terminologie des mots-clés employés, la F-mesure moyenne est de 0,3575, la médiane de 0,3321 et l'écart-type de 0,2985 ; sur la seconde piste, en l'absence de terminologie, la F-mesure moyenne est de 0,2055, la médiane de 0,1901 et l'écart-type de 0,1516.

ABSTRACT

Controlled and free indexing of scientific papers
Presentation and results of the DEFT2012 text-mining challenge

In this paper, we present the 2012 edition of the DEFT text-mining challenge. This edition addresses the automatic, keyword-based indexing of scientific papers through two tracks. The first gives to the participants the terminology of keywords used to index the documents, while the second does not provide this terminology. The corpus is composed of scientific papers published in humanities journals, indexed by their authors. This indexing is used as a reference for the evaluation. The results have been evaluated in terms of micro-measures on the recall, precision and F-measure computed after keyword lemmatization. In the track giving the terminology of used keywords, the mean F-measure is 0.3575, the median is 0.3321 and the standard deviation is 0.2985 ; in the second track, the mean F-measure is 0.2055, the median is 0.1901 and the standard deviation is 0.1516.

MOTS-CLÉS : Campagne d'évaluation, fouille de textes, indexation libre, indexation contrôlée, mots-clés, thésaurus.

KEYWORDS: Evaluation campaign, Text-Mining, Free Indexing, Controlled Indexing, Keywords, Thesaurus.

1 Introduction

La rédaction d'un article scientifique s'accompagne généralement de méta-données que l'auteur de l'article doit très souvent renseigner : titre, auteurs, affiliation des auteurs, et généralement un résumé présentant brièvement le contenu de l'article et un ensemble de mots-clés décrivant les thèmes de l'article. Ces mots-clés visent à aider la recherche des articles dans les bases de données bibliographiques.

La campagne DEFT 2012 s'intéresse à la détermination des mots-clés appropriés pour un article. Cela demande d'une part de déterminer les thèmes principaux de l'article et d'autre part de choisir des termes pour les nommer.

Certaines disciplines ont constitué un thésaurus qui prescrit les termes à employer pour cela. C'est le cas par exemple des sciences de la vie avec le thésaurus MeSH (Medical Subject Headings)[1] avec ses 26 142 descripteurs (version 2011), ou encore de l'informatique avec la classification hiérarchique de l'ACM[2] et ses 368 classes. Des thésaurus à vocation plus large ont aussi été créés, telle que la classification de la Bibliothèque du Congrès des États-Unis[3]. Ces référentiels visent à contrôler l'indexation des documents et à aider ainsi leur recherche.

À l'inverse, dans certaines revues ou conférences, aucun référentiel n'est imposé pour le choix des mots-clés indexant un article. Dans cette indexation libre, généralement réalisée par les auteurs eux-mêmes, le choix des mots-clés devient plus subjectif, chacun ayant une vision différente des termes à utiliser pour caractériser l'article.

C'est donc dans le cadre de cette problématique d'indexation libre ou contrôlée des articles scientifiques que nous avons inscrit cette nouvelle édition du défi fouille de texte (DEFT).

1.1 État de l'art

Les travaux dans le domaine de l'indexation des documents, qu'elle soit automatique (Salton *et al.*, 1975) ou non (Lancaster, 2003), ne sont pas récents. Parmi les méthodes généralement appliquées pour la création de classes de termes, celles-ci comprennent traditionnellement deux étapes : l'identification de termes dans un premier temps, puis la sélection des meilleurs candidats. L'étude des cooccurrences de termes (avec pré-traitements tels que étiquetage des parties du discours et lemmatisation) et l'utilisation de connaissances du domaine permet d'obtenir des résultats exploitables (Toussaint *et al.*, 1998). Ces techniques reprennent celles en vigueur en recherche d'information. Appliquées aux syntagmes nominaux, elles fournissent une base qui ne peut cependant suffire pour l'indexation (Sidhom, 2002). Des expériences d'indexation contrôlée automatique (au moyen de l'algorithme Okapi) et manuelle sur un corpus en français ont démontré l'intérêt de combiner ces deux approches pour améliorer les résultats (Savoy, 2005). Des approches plus récentes en matière d'indexation automatiques prennent en compte la coccurrence des termes associées à la structure des documents (Pompidor *et al.*, 2008). D'autres méthodes ont aussi été exploitées pour assister l'indexion automatique des documents, parmi lesquelles on retrouve la sémantique latente (Deerwester *et al.*, 1990).

---

[1]MeSH (National Library of Medicine) : `http://www.nlm.nih.gov/mesh/MBrowser.html`.

[2]Association for Computing Machinery, Computing Classification System : `http://dl.acm.org/ccs.cfm?part=author&coll=portal&dl=GUIDE`.

[3]Library of Congress Classification : `http://www.loc.gov/catdir/cpso/lcc.html`.

1.2 Déroulement

Un appel à participation a été lancé le 5 février 2012 sur les principales listes de diffusion dans les domaines des sciences de l'information *(ASIS-L)*, de la fouille de textes *(TextAnalytics, KDnuggets)*, des humanités numériques *(DH, Humanist)*, du Traitement Automatique des Langues et de la linguistique de corpus *(Corpora, LN, etc.)*. Dix-huit équipes se sont inscrites, pour certaines alors même que la phase de test avait déjà commencé, tandis que dix équipes ont poursuivi leurs efforts jusqu'à la période de tests. Ces équipes sont les suivantes, des inscriptions les plus anciennes (6 février) aux plus récentes (11 avril) :

- FBK, *Fondazione Bruno Kessler*, Trento, Italie : Sara Tonelli, Elena Cabrio, Emanuele Pianta.
- LIM&BIO, *Laboratoire d'Informatique Médicale & bioinformatique*, Université Paris 13 Nord, Bobigny (93) : Thierry Hamon.
- URPAH, *Unité de Recherche en Programmation Algorithmique et Heuristique*, Faculté des Sciences de Tunis, Tunisie : Amine Amri, Mbarek Maroua, Chedi Bechikh, Chiraz Latiri, Hatem Haddad.
- GREYC, *Groupe de Recherche en Informatique, Image, Automatique et Instrumentalisation de Caen*, Université de Caen Basse-Normandie, Caen (14) : Gaëlle Doualan, Mathieu Boucher, Romain Brixtel, Gaël Lejeune et Gaël Dias.
- IRISA, *Institut de Recherche en Informatique et Systèmes Aléatoires*, Université Rennes 1, Rennes (35) : Vincent Claveau et Christian Raymond.
- LINA, *Laboratoire d'Informatique de Nantes Atlantique*, Université de Nantes/École des Mines de Nantes, Nantes (44) : Florian Boudin, Amir Hazem, Nicolas Hernandez et Prajol Shrestha.
- LIMSI, *Laboratoire d'Informatique pour la Mécanique et les Sciences de l'Ingénieur*, Orsay (91) : Alexander Pak.
- LUTIN, *Laboratoire des Usages en Technologies d'Information Numérique*, Université Paris 8/UPMC/UTC/Universcience, Paris (75) : Adil El Ghali, Daniel Hromada et Kaoutar El Ghali.
- LORIA, *Laboratoire Lorrain de Recherche en Informatique et ses Applications*, Nancy (54) : Alain Lelu et Martine Cadot.
- PRISM, laboratoire *Parallèlisme, Réseaux, Systèmes et Modélisation*, Université Versailles–Saint-Quentin-en-Yvelines (78) et LaISC *Laboratoire d'Informatique et des Systèmes Complexes*, EPHE, Paris (75) : Murat Ahat, Coralie Petermann, Yann Vigile Hoareau, Soufian Ben Amor et Marc Bui.

Les corpus d'entraînement ont été diffusés aux participants inscrits ayant retournés l'accord de restriction d'usage des corpus signés à partir du 6 février 2012. Chaque équipe a choisi une fenêtre de trois jours durant la semaine du 9 au 15 avril 2012 pour appliquer ses méthodes sur le corpus de test. Les résultats ont été communiqués aux participants le 17 avril. La version finale des articles présentant les méthodes utilisées était attendue pour le 1er mai, pour un atelier de clôture le 8 juin 2012 pendant la conférence jointe JEP/TALN à Grenoble.

Pour la première fois dans l'histoire de DEFT, nous avons voulu mettre en place une interface de soumission des fichiers de résultats qui permettent de lancer une évaluation. Cette interface, dérivée d'une version utilisée dans un projet d'annotation de corpus, a nécessité de nombreuses adaptations et n'a pu être utilisée par les participants que trop tardivement (à partir du 6 avril, soit une semaine avant le démarrage de la phase de test) avec une fonction d'évaluation réellement opérationnelle qu'en fin de période de test. En conséquence, les participants au défi n'ont pas pu accéder à l'outil d'évaluation de leurs résultats pendant la période d'entraînement, ce qui, nous en convenons, ne facilite pas le développement de méthodes ni l'appréciation des évolutions offertes par les tentatives de modifications de ces méthodes durant cette période.

2 Présentation

Dans la continuité de l'édition 2011 du défi (voir DEFT2011), nous proposons de travailler de nouveau sur un corpus d'articles scientifiques parus dans le domaine des Sciences Humaines et Sociales. Alors que l'édition 2011 visait l'appariement de résumé avec l'article scientifique correspondant, nous proposons cette année d'identifier les mots-clés, tels qu'ils ont été choisis par les auteurs, pour indexer ces mêmes types d'articles. Les méthodes qui seront utilisées pour identifier les mots-clés devraient permettre de mettre en évidence les éléments saillants qui permettent d'indexer le contenu d'un article au moyen de mots-clés.

2.1 Pistes

Deux pistes sont proposées autour de l'identification de mots-clés (chaque piste dispose de ses propres corpus d'apprentissage et de test) :

- la première piste renvoie à l'indexation contrôlée des articles scientifiques et fournit la terminologie des mots-clés utilisés dans le corpus de cette piste (avec cependant une terminologie distincte pour chaque sous-corpus : une première pour l'apprentissage, une seconde pour le test), cette terminologie constituant une aide à la découverte des mots-clés ;
- la seconde piste renvoie à une indexation libre et ne fournit donc pas cette terminologie de référence ; les participants doivent identifier par eux-mêmes, dans le contenu du résumé et du corps de l'article, quels sont les mots-clés qui ont pu être choisis par l'auteur de l'article.

Sur chacune des deux pistes, le nombre de mots-clés indexant chaque document dans la référence est renseigné, tant dans le corpus d'apprentissage que dans le corpus de test. Les participants peuvent ainsi fournir exactement le nombre de mots-clés attendus.

Le travail d'indexation, qu'il s'effectue dans un cadre contrôlé ou non, reste complexe (Moens, 2000). Dans le cadre d'une indexation contrôlée, le choix de mots-clés parmi ceux proposés dans une terminologie reste difficile, l'indexeur, qu'il soit humain ou automatique, doit choisir parmi les termes proposés et uniquement parmi ceux-ci, les meilleurs candidats. Le travail consiste donc à identifier, parmi les termes proposés, quels sont ceux qui se rapprochent le plus de ceux que l'on aurait naturellement eu tendance à choisir. Dans le cadre d'une indexation libre, la première difficulté consiste à déterminer quels sont les meilleurs candidats à l'indexation, généralement en usant de méthodes statistiques éventuellement complétées par d'autres approches. Dans le cadre de ce défi, l'évaluation des termes qui auront été automatiquement choisis constitue une deuxième difficulté puisque la référence est constituée des mots-clés choisis par les auteurs des articles, ce choix étant purement subjectif mais considéré comme le meilleur pour cette campagne d'évaluation. Les résultats des participants sont donc évalués en comparaison d'une référence qui reste hautement perfectible.

Les participants peuvent participer, à leur convenance, aux pistes qu'ils souhaitent (seulement l'une ou les deux). Chaque participant est autorisé à soumettre jusqu'à trois fichiers de résultats par piste (soit un maximum de six exécutions pour une équipe participant aux deux tâches), permettant de tester officiellement trois systèmes ou trois configurations différentes d'un même système.

Les participants peuvent utiliser n'importe quelle ressource externe sauf celles provenant du site Erudit.org d'où proviennent les corpus.

2.2 Corpus

Le corpus se compose d'articles scientifiques provenant du portail Erudit.org parus entre 2003 et 2008 dans quatre revues de Sciences Humaines et Sociales : *Anthropologie et Société, Méta, Revue des Sciences de l'Éducation* et *Traduction, terminologie, rédaction*. Ces revues ont été sélectionnées car une majorité d'articles qui y ont paru sont accompagnés de mots-clés, choisis par les auteurs, indexant le contenu des articles. Ces mots-clés constituent la référence de cette édition, utilisée par les participants lors de la phase d'apprentissage et par les organisateurs pour évaluer les résultats lors de la phase de tests.

Du corpus initial de quatre revues, nous avons donc extrait 468 articles indexés par des mots-clés. Ces articles ont été répartis équitablement entre corpus des deux pistes, soit 234 articles par piste. Pour chaque piste, nous avons ensuite opéré une répartition entre corpus d'apprentissage et corpus de test selon le ratio 60/40% habituel, en nous assurant que ce ratio s'applique sur chaque revue (soit 60% des articles de chaque revue dans l'apprentissage et les 40% restants de chaque revue dans le test). Nous donnons ci-après (Figure 1) un exemple de document tel qu'il apparait dans le corpus d'apprentissage.

```
<doc id="0360">
 <motscles>
  <nombre>5</nombre>
  <mots>dimension ; concept ; caractère ; spatiologie ; organisation des connaissances</mots>
 </motscles>
 <article>
  <resume>
   <p>À partir de l'analyse de plusieurs termes se rapportant au domaine de la spatiologie , dans
      des langues aussi différentes que l'anglais et le français d'une part et l'arabe d'autre
      part , nous nous proposons de démontrer l'importance de la notion de pluridimensionnalité
      du concept dans l'organisation des connaissances et la classification des objets du monde.
       Ce faisant , nous aboutirons aussi à la conclusion que la structuration d'un domaine de
      spécialité , l'élaboration de son arborescence et surtout la formulation d'une définition
      dépendent principalement des caractères pris en compte dans l'appréhension des concepts ,
      donc nécessairement de la « dimension » du concept.</p>
  </resume>
  <corps>
   <p>Nous savons que le concept est l'unité de base de toute analyse terminologique. Que celle-ci
       soit synchronique ou diachronique , portant sur le terme ou sur la définition , il faut
      toujours revenir au concept , à sa description au sein du système de concepts qu'il
      constitue avec les autres concepts appartenant au même domaine.</p>
   <p>Le concept est une « unité de connaissance créée par une combinaison unique de caractères »
      (ISO 1087-1 2000 : 2). Cette définition que donne la norme ISO 1087-1 2000 du concept met
      surtout l'accent sur la décomposition du concept en caractères , une décomposition qui
      permet une meilleure compréhension du concept et donc une meilleure organisation du
      système de concepts auquel il appartient.</p>
...
</corps>
</article>
</doc>
```

FIG. 1 – Extrait du corpus d'apprentissage avec méta-données associées

Chaque document intègre les éléments suivants :

- Des méta-données : la liste des mots-clés indexant le contenu de l'article (chaque mot clé est séparé du suivant par un point-virgule, information uniquement fournie dans les corpus d'apprentissage), mots-clés qu'il faudra identifier pour la phase de test (ligne 4) et le nombre de mots-clés indexant le contenu de l'article (information fournie dans les corpus d'apprentissage

et de test, ligne 3) ;
- L'article scientifique : le résumé de l'article (ligne 8) et le corps de l'article au complet (à partir de la ligne 11).

2.3 Terminologie

Sur la première piste, la terminologie des mots-clés employés dans le corpus est fournie (Figure 2). La terminologie du corpus d'apprentissage a été constituée en relevant tous les mots-clés des documents de ce corpus, classés par ordre alphabétique. La même procédure a été suivie pour constuire la terminologie du corpus de test. Puisque les mots-clés ont été choisis par les auteurs eux-mêmes, on constate que les mots-clés sont de différents types : des mots simples *(ethnologie)*, des mots composés *(Amérique latine)*, des expressions complexes *(Amérindien du Nord-Est)* et des combinaisons d'informations présentes dans l'article rassemblées sous un même « mot-clé » *(1982, droit constitutionnel canadien)*. Si la question de la difficulté de rattacher chaque mot-clé de cette terminologie aux documents du corpus se pose pour la première piste, les exemples présentés ici témoignent également de la difficulté à venir pour identifier les mots-clés sur la seconde piste, en l'absence de toute terminologie, compte-tenu de la grande variabilité des modalités de constitution des mots-clés.

```
1867, Constitution Act
1982, droit constitutionnel canadien
Abélès
Afrique
Afrique de l'Est
Agrawal
Algériens
Amazonie
Ambedkar
Amérindien du Nord-Est
Amérique latine
Ancien Régime
Aubrée
...
ethnicité
ethno-fiction
ethnographie
ethnographie multisites
ethnolinguistique
ethnologie
exogamie
...
```

FIG. 2 – Extrait de la terminologie du corpus d'apprentissage

3 Évaluation

Les mesures qui ont été retenues pour l'évaluation 2012 sont les mesures de précision, rappel, et F-mesure (Manning et Schütze, 1999), calculées avec une micro-moyenne (Nakache et Métais, 2005). Ce sont ces mesures qui ont été utilisées pour la piste 5 de la campagne SemEval-2010 : *Automatic Keyphrase Extraction from Scientific Articles* (Kim *et al.*, 2010).

Notons D l'ensemble des idenfiants de documents, K l'ensemble de tous les mots-clés utilisés par le système, W l'ensemble des mots-clés utilisés dans la base documentaire, les données hypothèse H (formule 1), c'est-à-dire l'ensemble des paires associant un identifiant de document à un mot clé fourni par le système participant et R les données référence (formule 2), c'est-à-dire l'ensemble des paires associant un identifiant de document à un mot clé issu de la base documentaire. Naturellement, pour un même identifiant de document, il peut exister plusieurs paires, aussi bien dans H que dans R, mais nous n'aurons pas de paire doublon au sein de l'un de ces ensembles, car les mots-clés seront alors différents. En effet, il n'y a aucun intérêt à annoter un document plusieurs fois avec le même mot-clé

$$H = \frac{(d, \text{Lem}(\text{Norm}(w))}{d \in D, w \in W, ((d, w1) \in H) \wedge ((d, w2) \in H)} \Rightarrow w1 \neq w2 \tag{1}$$

$$R = \frac{(a, \text{Lem}(\text{Norm}(k))}{a \in D, k \in K, ((a, k1) \in R) \wedge ((a, k2) \in R)} \Rightarrow k1 \neq k2 \tag{2}$$

Norm() est une fonction de normalisation de la typographie des mots-clé (normalisation de la casse) et Lem() est une fonction de lemmatisation des mots-clé.

L'ensemble des mots-clé correctement associés à un document par le système correspond au taux de vrais positifs (TP, formule 3), l'ensemble des mots-clé incorrectement associés à un document par le système correspond au taux de faux positifs (FP, formule 4) et l'ensemble des mots-clé non trouvés par le système correspond au taux de faux négatifs (FN, formule 5).

$$\text{TP} = H \cap R \tag{3}$$

$$\text{FP} = \frac{H}{(H \cap R)} \tag{4}$$

$$\text{FN} = \frac{R}{(H \cap R)} \tag{5}$$

La précision, le rappel et la F-mesure calculés en micro-moyenne correspondent aux formules 6 :

$$\text{Précision} = \frac{|H \cap R|}{|H|} \qquad \text{Rappel} = \frac{|H \cap R|}{|R|} \qquad \text{F-mesure} = \frac{(2 \times \text{p} \times \text{r})}{(\text{p} + \text{r})} \tag{6}$$

Notons que nous utilisons l'égalité stricte sur les mots-clés sans avoir recourt à une distance sémantique qui permettrait par exemple, de s'apercevoir que *recherche d'information* est plus proche de *fouille de données* que d'*algorithmique* afin de ne pas biaiser l'évaluation par rapport à une ontologie particulière. Nous avons également décidé de ne pas prendre en compte les recouvrements partiels de termes comme ayant une certaine validité pour éviter de recompenser un système qui retournerait *fouilles archélogiques* alors que la bonne réponse est *fouille de données*. Bien entendu, ce choix a pour résultat que la fourniture de l'hyponyme d'un terme au lieu du terme sera considérée comme tout aussi fausse que la fourniture de n'importe quel autre terme. La production de mesures de performance complémentaires peut être envisagée à titre indicatif. Pour les résultats officiels de la campagne, seule la performance en F-mesure en micro-moyenne sera prise en compte.

4 Tests humains

Nous avons effectué des tests humains sur les deux pistes auprès des étudiants du parcours « *Ingénierie Multilingue* » du M2 Professionnel de l'INaLCO (formation sciences du langage avec une dominante traitement automatique des langues, étudiants d'origine étrangère avec pour certains une maîtrise moyenne de la langue française). Pour chaque piste, un sous-corpus composé de quatre fichiers chacun a été produit (un fichier issu de chacune des quatre revues utilisées dans le corpus global). Nous remercions chacun des étudiants pour le travail accompli.

4.1 Première piste, avec terminologie

Sur la première piste, puisque la terminologie des mots-clés employés dans les quatre articles composant le sous-corpus est disponible, une simple projection des mots-clés sur ce corpus au moyen d'une commande informatique[4] permet d'identifier dans quel fichier apparaît 14 des mots-clés de la terminologie. Sur ces 14 mots-clés, un seul est attribué à deux fichiers ; l'attribution de ce mot-clé au fichier qui compte le plus d'occurrences de ce terme permet une indexation correcte. Pour les 4 mots-clés restants qui n'ont pu faire l'objet d'une projection (généralement des mots-clés composés : *traduction française et allemande, Éducation multiculturelle, éducation intellectuelle*), une recherche d'un des termes composant le mot-clé permet d'identifier correctement l'article auquel il doit être associé. Cette technique, sur un sous-corpus limité, permet d'identifier 100% des indexations (F-mesure de 1,000).

4.2 Seconde piste, sans terminologie

Sur la seconde piste, aucune terminologie des mots-clés n'ayant été fournie, la tâche a été jugée plus complexe par les étudiants comme en témoignent les résultats obtenus (voir Tableau 1, F-mesure moyenne de 0,216 et médiane de 0,208). Afin de dresser grossièrement le contenu

	AM	BM	IP	LM	LT	NS	SK
Précision	0.250	0.200	0.167	0.118	0.292	0.292	0.208
Rappel	0.250	0.208	0.167	0.083	0.292	0.292	0.208
F-mesure	0.250	0.204	0.167	0.098	0.292	0.292	0.208

TAB. 1 – Évaluation des tests humains sur la seconde piste

de chaque article, un script qui extrait les tokens et les trigrammes de tokens utilisés dans le

[4] `grep -of termino_appr.txt piste1/testSans/* | sort | uniq`

document classés par fréquence d'utilisation décroissante a été mis à contribution. À charge pour les étudiants de s'inspirer de ces listes et de les confronter au contenu réel de l'article pour créer des mots-clés potentiels.

En conclusion, la seconde piste (sans terminologie) a été jugée difficile. Les mots-clés employés ne se retrouvent pas forcément à l'identique (*traduction française et allemande*) mais peuvent correspondre à une concaténation de plusieurs expressions (*traduction allemande* et *traduction française*). Il apparait par ailleurs que les mots-clés employés peuvent ne pas apparaitre dans le texte mais résulter d'une inférence (*Colombie Britannique* alors que le texte ne mentionne pas le nom de cette province mais celui d'une ville de cette province). Enfin, la redondance d'une thématique d'un même champ sémantique exprimée au moyen de deux mots-clés (*interprète* et *interprétation*) a été jugée complexe parce que contre-intuitif (un annotateur humain ayant tendance à choisir soit l'un, soit l'autre).

5 Méthodes des participants

La plupart des participants a considéré la première piste (avec terminologie) comme une tâche de recherche d'information dans laquelle les mots-clés constituent la requête à traiter.

Pour la seconde piste (absence de terminologie), les participants ont utilisés des outils d'extraction de mots-clés après avoir supprimé les mots non significatifs puis des méthodes de réordonnancement des mots-clés candidats. Concernant le niveau de granularité sur lequel travailler, une équipe (n° 04) a tenté le niveau caractère et le niveau mot (Doualan *et al.*, 2012) tandis qu'une autre équipe (n° 03) a fait le pari de travailler uniquement à l'échelle du syntagme nominal, considérant qu'un terme complexe est moins ambigü qu'un terme simple isolé (Amri *et al.*, 2012).

Plusieurs outils d'extraction de termes ont ainsi été mobilisés : l'outil *KX* accorde ainsi un poids aux termes extraits selon des annotations linguistiques et des relevés statistiques (Tonelli *et al.*, 2012) (n° 01), l'outil *TermoStat* qui repose sur des méthodes symboliques puis effectue un tri statistique (Claveau et Raymond, 2012) (n° 05), l'algorithme *KEA* (Keyphrase Extraction Algorithm) utilisé par l'équipe 06 (Boudin *et al.*, 2012). Une équipe (n° 02) a utilisé des outils de constitution de terminologies structurées pour reconnaître les termes (librairie *TermTagger* en Perl) extraire les termes (outil *YaTeA*) (Hamon, 2012). Les participants ont généralement utilisé des méthodes de pondération des mots-clés extraits reposant principalement sur le tf*idf, parfois en complétant avec la position du mot dans le document (Boudin *et al.*, 2012; Claveau et Raymond, 2012; Doualan *et al.*, 2012; Hamon, 2012; Tonelli *et al.*, 2012), la fréquence dans l'article, dans le résumé, la longueur de la chaîne, la présence du terme dans l'introduction et la conclusion (Doualan *et al.*, 2012). Certaines équipes ont également travaillé sur la reconnaissance des variantes morpho-syntaxiques des termes candidats (Hamon, 2012; Claveau et Raymond, 2012) en utilisant notamment l'outil *Fastr*. Mais l'approche qui a permis d'obtenir les meilleurs résultats (El Ghali *et al.*, 2012) repose sur une combinaison de plusieurs modules linguistiques d'ordre morphologique, sémantique et pragmatique.

En ce qui concerne le choix des meilleurs candidats, le cosinus a généralement été employé (Ahat *et al.*, 2012; Hamon, 2012), parfois en combinaison avec d'autres techniques telles que les graphes par l'équipe 18 (Ahat *et al.*, 2012) ou les réseaux bayésiens (El Ghali *et al.*, 2012). D'autres techniques fondées sur l'apprentissage ont également été mobilisées.

6 Résultats des participants

À l'image des tests humains, les participants ont obtenu de meilleurs résultats sur la première piste (où la terminologie des mots-clés employés était fournie) que sur la seconde (absence de terminologie). Nous renseignons dans le tableau 2 des résultats obtenus par les participants pour chacun des fichiers soumis dans chacune des deux pistes. Nous intégrons également une évaluation dite « hors compétition » pour les fichiers reçus après la fin de la période de test ; ces résultats ne sont pris en compte, ni dans le classement final, ni dans les statistiques globales (moyenne, médiane, écart-type).

Équipe	Run	TÂCHE 1			TÂCHE 2		
		Précision	Rappel	F-mesure	Précision	Rappel	F-mesure
01 – FBK	1	0,2682	0,2682	0,2682	0,1880	0,1880	0,1880
	2	0,2737	0,2737	**0,2737**	0,1452	0,1446	0,1449
	3	0,1978	0,1974	0,1976	0,1901	0,1901	**0,1901**
02 – LIM&BIO	1	0,3985	0,3985	**0,3985**	0,1798	0,1798	0,1798
	2	0,3333	0,3333	0,3333	0,1612	0,1612	0,1612
	3	0,2253	0,2253	0,2253	0,1921	0,1921	**0,1921**
03 – URPAH	1	0,0857	0,0857	**0,0857**	0,0785	0,0785	**0,0785**
	2	—	—	—	0,0785	0,0785	0,0785
04 – GREYC	1	0,0507	0,1769	0,0788	0,0469	0,1777	0,0742
	2	0,1082	0,1322	0,1190	0,1108	0,1488	**0,1270**
	3	0,4144	0,4730	**0,4417**	—	—	—
05 – IRISA	1	0,8017	0,7002	**0,7475**	0,2087	0,2087	**0,2087**
	2	0,7114	0,7114	0,7114	0,1704	0,1694	0,1699
	3	0,6760	0,6760	0,6760	—	—	—
06 – LINA	1	0,3812	0,4004	**0,3906**	0,1788	0,2128	0,1943
	2	0,3759	0,3948	0,3851	0,1949	0,2355	**0,2133**
	3	0,3343	0,4097	0,3682	0,1643	0,1880	0,1753
13 – LIMSI	1	0,1378	0,1378	**0,1378**	0,1632	0,1632	**0,1632**
16 – LUTIN	1	0,4618	0,4618	0,4618	0,2438	0,2438	0,2438
	2	0,9480	0,9497	**0,9488**	0,3471	0,3471	0,3471
	3	0,7486	0,7486	0,7486	0,5880	0,5868	**0,5874**
17 – LORIA	1	0,0522	0,2737	0,0877	0,0446	0,2562	0,0759
	2	0,0745	0,1955	**0,1079**	0,0603	0,1736	**0,0895**
	3	0,0401	0,3147	0,0711	0,0350	0,3017	0,0627
18 – PRISM	1	0,0428	0,0428	**0,0428**	—	—	—
	2	0,0242	0,0242	0,0242	—	—	—
Évaluations hors compétition							
HC 03 – URPAH	1	0,1695	0,1695	0,1695	0,1203	0,1198	0,1201
HC 15 – NOOPSIS	1	0,4587	0,2067	0,2850	0,0969	0,0909	0,0938

TAB. 2 – Résultats des participants pour chaque soumission sur les deux pistes

La correspondance entre numéro d'équipe et article présentant les méthodes s'établit comme suit : 01 – FBK (Tonelli *et al.*, 2012), 02 – LIM&Bio (Hamon, 2012), 03 – URPAH (Amri *et al.*, 2012), 04 – GREYC (Doualan *et al.*, 2012), 05 – IRISA (Claveau et Raymond, 2012), 06 – LINA (Boudin *et al.*, 2012), 16 – LUTIN (El Ghali *et al.*, 2012), et 18 – PRISM (Ahat *et al.*, 2012).

Sur la première piste, nous constatons des écarts extrèmement importants entre participants, avec des F-mesures qui varient de 0,0242 à 0,9488 ! On observe également des écarts élevés entre les différentes soumissions d'un même participant variant du simple au quadruple. Sur cette piste, si l'on se fonde sur les meilleures soumissions de chaque équipe, la F-mesure moyenne est de 0,3575, la médiane de 0,3321 et l'écart-type de 0,2985.

Sur la seconde piste, les écarts entre participants sont moindres, les F-mesures variant de 0,0627 à 0,5874. On observe également qu'un grand nombre de participants obtient, sur la meilleure soumission de son système, une F-mesure qui varie autour de 0,2. En se focalisant sur la meilleure soumission de chaque participant, la F-mesure moyenne est de 0,2055, la médiane de 0,1901 et l'écart-type de 0,1516.

Nous renseignons dans le tableau 3 du nombre de mots-clés intégrés dans chaque fichier de soumission. Sur la première piste, 443 mots-clés étaient attendus tandis que la seconde en attendait 391. Nombreux sont les participants qui ont fournis autant de mots-clés que le nombre attendu (ce nombre étant renseigné dans les méta-données de chaque document à traiter). Deux équipes ont fait le choix de retourner davantage de mots-clés que le nombre attendu.

Équipe	01 – FBK			02 – LIM&BIO			03 – URPAH		04 – GREYC			05 – IRISA		
Run	1	2	3	1	2	3	1	2	1	2	3	1	2	3
Tâche 1	443	443	442	443	443	443	443	—	1786	657	519	375	443	443
Tâche 2	391	390	391	391	391	391	391	391	1748	650	—	391	388	—

Équipe	06 – LINA			13 – LIMSI	16 – LUTIN			17 – LORIA			18 – PRISM	
Run	1	2	3	1	1	2	3	1	2	3	1	2
Tâche 1	470	470	564	443	443	444	443	2725	1315	4134	443	443
Tâche 2	483	492	461	391	391	391	391	2697	1302	4092	—	—

TAB. 3 – Nombre de mots-clés renseignés par fichier et par exécution sur chaque piste

Le GREYC (équipe 04) d'abord, avec environ quatre fois plus de mots-clés sur la première exécution, environ une fois et demie de plus sur la seconde soumission et à peine 1,17 fois de plus sur la troisième. Rapporté aux résultats obtenus, la troisième soumission — parce qu'elle correspond globalement au nombre attendu de mots-clés — obtient les meilleurs résultats. Le LORIA (équipe 17) enfin, avec environ six fois plus de mots-clés sur la première exécution, environ 3 fois plus sur la seconde et 9,33 fois plus sur la troisième soumission. À l'image du GREYC, la soumission dont le nombre de mots-clés se rapproche de celui attendu obtient les meilleurs résultats. Pour ces deux équipes, ces stratégies permettent d'obtenir un rappel meilleur que la précision mais les valeurs calculées restent faibles.

7 Conclusion

Les tâches d'indexation, bien que réalisées depuis de nombreuses années, ne constituent plus des pistes exploratoires. À ce titre, les résultats obtenus par les participants sur cette campagne témoignent des écarts importants entre équipes, selon que l'équipe dispose d'un système d'indexation ou bien part uniquement d'un système de base.

Les participants ont mieux réussi la première piste que la seconde, parce qu'elle fournissait la terminologie des mots-clés employés dans les documents du corpus à traiter. La F-mesure moyenne passe de 0,3575 sur la première piste à 0,2045 sur la seconde avec des écart-types variant de 0,2985 à 0,1522 de l'une à l'autre. On constate également des écarts élevés (jusqu'à 0,5388 d'écart de F-mesure), pour une même équipe, entre la meilleure soumission sur chaque piste.

Compte-tenu des modalités d'évaluation, les stratégies visant à fournir davantage de mots-clés que le nombre attendu (cette information ayant été fournie dans les corpus d'apprentissage et de test) ont permis d'accroître le rappel au détriment d'une précision très faible.

Remerciements

L'interface de soumission et d'évaluation des résultats a été développée par Pierre Albert dans le cadre du projet DoXa (financement CapDigital, convention DGE n° 08 2 93 0888). Nous remercions les organisateurs des conférences JEP/TALN pour l'organisation logistique de l'atelier et l'ATALA pour la mise à disposition d'une salle.

Nous remercions les étudiants du M2 Professionnel « Ingénierie Multilingue » 2011/2012 de l'INaLCO pour les tests humains qu'ils ont effectués, leur permettant ainsi de découvrir l'une des étapes essentielles lors de l'organisation d'une campagne d'évaluation : *Alexandra Moraru, Benjamin Marie, Irina Poltavchenko, Leidiana Martins, Lévana Thammavongsa, Nazim Saadi, Sofiane Kerroua*.

Références

AHAT, M., PETERMANN, C., HOAREAU, Y. V., BEN AMOR, S. et BUI, M. (2012). Algorithme automatique non supervisé pour le deft 2012. *In Actes de l'atelier de clôture du huitième défi fouille de texte (DEFT)*, pages 73–79.

AMRI, A., MBAREK, M., BECHIKH, C., LATIRI, C. et HADDAD, H. (2012). Indexation à base des syntagmes nominaux. *In Actes de l'atelier de clôture du huitième défi fouille de texte (DEFT)*, pages 37–43.

BOUDIN, F., HAZEM, A., HERNANDEZ, N. et SHRESTHA, P. (2012). Participation du lina à deft 2012. *In Actes de l'atelier de clôture du huitième défi fouille de texte (DEFT)*, pages 65–72.

CLAVEAU, V. et RAYMOND, C. (2012). Participation de l'irisa à deft2012 : recherche d'information et apprentissage pour la génération de mots-clés. *In Actes de l'atelier de clôture du huitième défi fouille de texte (DEFT)*, pages 53–64.

DEERWESTER, S., DUMAIS, S. T., FURNAS, G. W., LANDAUER, T. K. et HARSHMAN, R. (1990). Indexing by latent semantic analysis. *In Journal of the American Society for Information Science*, volume 41, pages 391–407.

DOUALAN, G., BOUCHER, M., BRIXTEL, R., LEJEUNE, G. et DIAS, G. (2012). Détection de mots-clés par approches au grain caractère et au grain mot. *In Actes de l'atelier de clôture du huitième défi fouille de texte (DEFT)*, pages 45–52.

EL GHALI, A., HROMADA, D. et EL GHALI, K. (2012). Enrichir et raisonner sur des espaces sémantiques pour l'attribution de mots-clés. *In Actes de l'atelier de clôture du huitième défi fouille de texte (DEFT)*, pages 81–94.

HAMON, T. (2012). Acquisition terminologique pour identifier les mots-clés d'articles scientifiques. *In Actes de l'atelier de clôture du huitième défi fouille de texte (DEFT)*, pages 29–35.

KIM, S. N., MEDELYAN, O., KAN, M.-Y. et BALDWIN, T. (2010). Semeval-2010 task 5 : Automatic keyphrase extraction from scientific articles. *In Proc. of SemEval*, pages 21–26, Stroudsburg, PA. Association for Computational Linguistics.

LANCASTER, F. W. (2003). *Indexing and abstracting in theory and practice*. Facet, London.

MANNING, C. D. et SCHÜTZE, H. (1999). *Foundations of Statistical Natural Language Processing*. MIT Press, Cambridge, Massashusetts.

MOENS, M. F. (2000). *Indexing and abstracting of Document Texts*. Kluwer Academic Publishers.

NAKACHE, D. et MÉTAIS, E. (2005). Evaluation : nouvelle approche avec juges. *In INFORSID*, pages 555–570, Grenoble.

POMPIDOR, P., CARBONNEILL, B. et SALA, M. (2008). Indexation de co-occurrences guidée par la structure des documents et contrôlée par une ontologie et l'exploitation du corpus. *In INFORSID'08*, Fontainebleau, France. Lavoisier-Hermès.

SALTON, G., WONG, A. et YANG, C. S. (1975). A vector space model for automatic indexing. *In Communications of the ACM*, volume 18, pages 613–620.

SAVOY, J. (2005). Indexation manuelle et automatique : une évaluation comparative basée sur un corpus en langue française. *In Actes de Coria*, pages 9–23, Grenoble.

SIDHOM, S. (2002). *Plate-forme d'analyse morpho-syntaxique pour l'indexation automatique et la recherche d'information : de l'écrit vers la gestion des connaissances*. Thèse de doctorat, Université Claude Bernard – Lyon I.

TONELLI, S., CABRIO, E. et PIANTA, E. (2012). Key-concept extraction from french articles with kx. *In Actes de l'atelier de clôture du huitième défi fouille de texte (DEFT)*, pages 19–28.

TOUSSAINT, Y., NAMER, F., DAILLE, B., JACQUEMIN, C., ROYAUTÉ, J. et HATHOUT, N. (1998). Une approche linguistique et statistique pour l'analyse de l'information en corpus. *In* ZWEIGENBAUM, P., éditeur : *Actes de TALN 1998 (Traitement automatique des langues naturelles)*, pages 1–10, Paris. ATALA.

Key-concept extraction from French articles with KX

Sara Tonelli[1] Elena Cabrio[2] Emanuele Pianta[1]
(1) FBK, via Sommarive 18, Povo (Trento), Italy
(2) INRIA, 2004 Route des Lucioles BP93, Sophia Antipolis cedex, France
satonelli@fbk.eu, elena.cabrio@inria.fr, pianta@fbk.eu

RÉSUMÉ

Nous présentons une adaptation du système KX qui accomplit l'extraction non supervisée et multilingue des mots-clés, pour l'atelier d'évaluation francophone en fouille de textes (DEFT 2012). KX sélectionne une liste de mots-clés (avec leur poids) dans un document, en combinant des annotations linguistiques de base avec des mesures statistiques. Pour l'adapter à la langue française, un analyseur morphologique pour le Français a été ajouté au système pour dériver les patrons lexicaux. De plus, des paramètres comme les seuils de fréquence pour l'extraction de collocations, et les index de relevance des concepts-clés ont été calculés et fixés sur le corpus d'apprentissage. En concernant les pistes de DEFT 2012, KX a obtenu de bons résultats (Piste 1 - avec terminologie : 0.27 F1 ; Piste 2 : 0.19 F1) en demandant un effort réduit pour l'adaptation du domaine et du langage.

ABSTRACT

We present an adaptation for the French text mining challenge (DEFT 2012) of the KX system for multilingual unsupervised key-concept extraction. KX carries out the selection of a list of weighted keywords from a document by combining basic linguistic annotations with simple statistical measures. In order to adapt it to the French language, a French morphological analyzer (PoS-Tagger) has been added into the extraction pipeline, to derive lexical patterns. Moreover, parameters such as frequency thresholds for collocation extraction and indicators for key-concepts relevance have been calculated and set on the training documents. In the DEFT 2012 tasks, KX achieved good results (i.e. 0.27 F1 for Task 1 - with terminological list, and 0.19 F1 for Task 2) with a limited additional effort for domain and language adaptation.

MOTS-CLÉS : Extraction de mots-clés, patrons linguistiques, terminologie.

KEYWORDS: Key-concept extraction, linguistic patterns, terminology.

1 Introduction

Key-concepts are simple words or phrases that provide an approximate but useful characterization of the content of a document, and offer a good basis for applying content-based similarity functions. In general, key-concepts can be used in a number of interesting ways both for human and automatic processing. For instance, a quick topic search can be carried out over a number of documents indexed according to their key-concepts, which is more precise and efficient than full-text search. Also, key-concepts can be used to calculate semantic similarity between documents and to cluster the texts according to such similarity (Ricca *et al.*, 2004). Furthermore, key-concepts provide a sort of quick summary of a document, thus they can be used as an intermediate step in *extractive* summarization to identify the text segments reflecting the content of a document. (Jones *et al.*, 2002), for example, exploit key-concepts to rank the sentences in a document by relevance, counting the number of key-concept stems occurring in each sentence. In the light of the increasing importance of key-concepts in several applications, from search engines to digital libraries, a recent task for the evaluation of key-concept extraction was also proposed at SemEval-2010 campaign (Kim *et al.*, 2010)

In this work, we present an adaptation of the KX system for multilingual key-concept extraction (Pianta et Tonelli, 2010) for the French text mining challenge (DEFT 2012) task. A preliminary version of KX for French took part in the DEFT 2011 campaign on "Abstract – article matching" (Tonelli et Pianta, 2011), and achieved good performances in both tracks (0.990 and 0.964 F1 respectively).

Compared to the previous version of KX, we have now integrated into the extraction pipeline a French morphological analyzer (Chrupala *et al.*, 2008). This allows us to exploit morphological information while selecting candidate key-concepts, while in the version used at DEFT 2011 the selection was made using regular expressions and black lists.

The paper is structured as follows : in Section 2 we detail the architecture of KX (i.e. our key-concepts extraction tool), providing an insight into its parameters configuration. In Section 3 we present the setting defined and adopted for the DEFT 2012 task, while in Section 4 we report the system performances on the training and on the test sets. Finally, we draw some conclusions, and discuss future improvements of our approach in Section 5.

2 Key-concept extraction with KX

This section describes in details the basic KX architecture for unsupervised key-concept extraction. KX can handle texts in several languages (i.e. English, Italian, French, Finnish and Swedish), and it is distributed with the TextPro NLP Suite[1] (Pianta *et al.*, 2008). KX architecture is the same across all languages, except for the module selecting multiword expressions, that is based on PoS tags (this is the only language-dependent part of the system). In order to perform this selection, a morphological analyzer/PoS tagger has been integrated for each of the five languages, and some selection rules have been manually defined. More details on the French rules are reported in Section 2.2 and in Section 3.

2.1 Pre-processing of the reference corpus

If a domain corpus is available, the extraction of key-concepts from a single document can be preceded by a pre-processing step, during which key-concepts are extracted from the corpus and their inverse document frequency (IDF) at corpus level is computed by applying the standard formula :

[1] `http://textpro.fbk.eu/`

$$IDF_k = log\frac{N}{DF_k}$$

where N is the number of documents in the corpus, and DF_k is the number of documents in the corpus that contain the key-concepts k. The IDF of a rare term tends to be high, while the IDF of a frequent one is likely to be low. Therefore, IDF may be a good indicator for distinguishing between common, generic words and specific ones, which are good candidates for being a key-concept. For DEFT 2012, we have used as a *reference corpus* all the documents contained in the training and in the test sets (468 documents in total).

2.2 Key-concept extraction

Figure 1 shows KX work-flow for the key-concept extraction process : starting from a document, a list of key-concepts ranked by relevance is provided as the output of the system. The same work-flow applies both to *i)* the extraction of key-concepts from a single document, and to *ii)* the extraction of different statistics including IDF from a *reference corpus*, which can be optionally used as additional information when processing a single document. For more information, see above and Section 2.3.

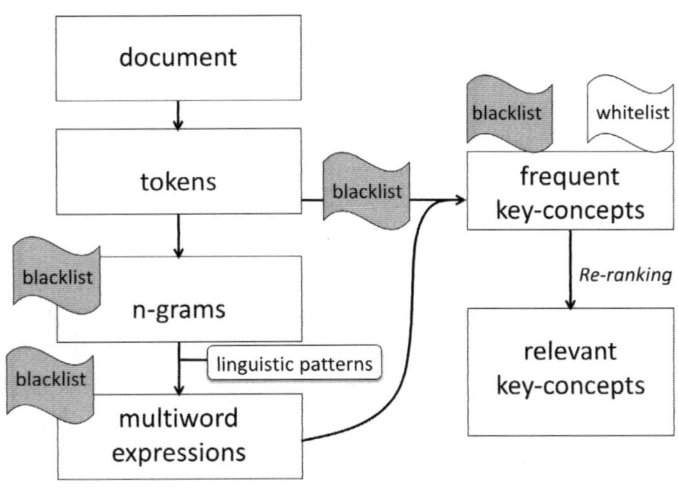

FIG. 1 – Key-concept extraction workflow with KX

As a first step, the system takes a document in input and tokenize the text. Then, all possible n-grams composed by any token sequence are extracted, for instance 'Éclipse de soleil', 'tous les', 'ou chacun'. The user can set the max length of the selected n-grams : for DEFT 2012 we set such length to six.

Then, from the n-gram list a sublist of *multiword expressions (MWE)* is derived, i.e. combinations of words expressing a unitary concept, for example 'procès de travail' or 'économie politique'.

In the selection step, the user can choose to rely only on local (document) evidence or to make use also of global (corpus) evidence. As for the first case, a frequency threshold called $MinDoc$ can be set, which corresponds to the minimum number of occurrences of n-grams in the current document. If a reference corpus is also available, another threshold can be added, $MinCorpus$, which corresponds to the minimum number of occurrences of an n-gram in the corpus. KX marks an n-gram in a document as a multiword term if it occurs at least $MinCorpus$ times in the corpus or at least $MinDoc$ times in the document. The two parameters depend on the size of the reference corpus and the document respectively. In our case, the corpus was the set of documents used in the training and in the test set (see Section 2.1).

A similar, frequency-based, strategy is used to solve ambiguities in how sequences of contiguous multiwords should be segmented. For instance, given the sequence 'retour des bonnes manières' we need to decide whether we recognize 'retour des bonnes' or 'bonnes manières'. To this purpose, the strength of each alternative MWE is calculated as follows, and then the stronger one is selected.

$$Strength_{colloc} = docFrequency * corpusFrequency$$

In the next step, the single words and the MWEs are ranked by frequency to obtain a first list of key-concepts. Thus, frequency is the baseline ranking parameter, based on the assumption that important concepts are mentioned more frequently than less important ones. Frequency is normalized by dividing the number of key-concept occurrences by the total number of tokens in the current document.

As shown in Figure 1, the first key-concepts list is obtained by applying *black and white lists* almost at every step of the process. A black list is applied to discard n-grams containing one of the language-specific stopwords defined by the user, for example 'avons', 'peut', 'puis', 'parce'. Also single words corresponding to stopwords are discarded when the most frequent tokens are included into the first key-concept list. For example, in French we may want to exclude all key-concepts containing the words 'toi', 'très', 'finalement', etc.

When deriving multiword expressions (MWEs) from the n-gram list, KX applies another selection strategy. This selection is crucial because only MWEs are selected as candidate key-concepts, since they correspond to combinations of words expressing a unitary concept, for example 'régime de despotisme familial' or 'reproduction matérielle'. The n-grams are analyzed with the Morfette morphological analyzer (Chrupala *et al.*, 2008) in order to select as multiword expressions only the n-grams that match certain lexical patterns (i.e. part-of-speech). This is the so-called linguistic filter. For example, one of the patterns admitted for 3-grams is the following :

$$[SP] - [O] - [SP]$$

This means that a 3-gram is a candidate multiword term if it is composed by a single or plural noun (S and P respectively), followed by a preposition (defined as O), followed by another noun. This is matched for example by the 3-gram 'procès [S] de [O] travail [S]'.

Finally, black and white lists can be manually compiled also for key-concepts, to define expressions that should never be selected as relevant key-concepts, as well as terms that should always be included in the key-concept rank. For example, the preposition 'de' is very frequent in documents, so it can happen that it is selected as single-word key-concept. In order to avoid this, 'de' can be included in the key-concept black list.

2.3 First key-concept ranking

Different techniques are used to re-rank the frequency-based list of key-concepts obtained in the previous step according to their relevance. If a reference corpus is available, as in our case, additional information can be used to understand which key-concepts are more specific to a document, and therefore are more likely to be relevant for such document.

In order to find the best ranking mechanism, and to tailor it to the type of key-concepts we want to extract, the following parameters can be set :

Key-concept IDF : This parameter takes into account the fact that, given a data collection, a concept that is mentioned in many documents is less relevant to our task than a concept occurring in few documents. To activate it, a reference corpus must undergo a pre-processing step in which the key-concepts are extracted from each document in the corpus, and the corresponding inverse document frequency (IDF) is computed, as described in Section 2.1.

When this parameter is activated, for each key-concept found in the current document, its IDF computed over the reference corpus is retrieved and multiplied by the key-concept frequency at document level.

Key-concept length : Number of tokens in a key-concept. Concepts expressed by longer phrases are expected to be more specific, and thus more informative. When this parameter is activated, the frequency is multiplied by the key-concept length. For example, if 'expression verbale' has frequency 6 and 'expression verbale des èmotions' has frequency 5, the activation of the key-concept length parameter gives 'expression verbale' = 6 * 2 = 12 and 'expression verbale des émotions' = 5 * 4 = 20. In this way, the 4-gram is assigned a higher ranking than the 2-gram.

Position of first occurrence : Important concepts are expected to be mentioned before less relevant ones. If the parameter is activated, the frequency score will be multiplied by the $PosFact$ factor computed as :

$$PosFact = \left(\frac{DistFromEnd}{MaxIndex}\right)^2$$

where $MaxIndex$ is the length of the current document, and $DistFromEnd$ is $MaxIndex$ minus the position of the first key-concept occurrence in the text.

A configuration file allows the user to independently activate such parameters. The key-concept relevance is then calculated by multiplying the normalized frequency of a key-concept by the score obtained by each active parameter. We eventually obtain a ranking of key-concepts ordered by relevance. The user can also set the number of top ranked key-concepts to consider as best candidates.

2.4 Final key-concept ranking

Section 2.3 described the first set of ranking strategies, that can be optionally followed by another set of operations to adjust the preliminary ranking. Again, such operations can be independently activated through a separate configuration file. The parameters have been introduced to deal with the so-called *nested* key-concepts (Frantzi *et al.*, 2000), i.e. those that appear within other longer candidate key-concepts. After the first ranking, which is still influenced by the key-concept frequency, *nested* (shorter) key-concepts tend to have a higher ranking than the containing (longer) ones, because the former are usually more frequent than the latter. However, in some settings, for example in scientific articles, longer key-concepts are generally preferred over shorter ones because they are more informative and specific. In such cases, the user may want to adjust the ranking in order to give preference to longer key-concepts and to reduce or set to zero the score of nested key-concepts. These operations are allowed by activating the following parameters :

Shorter concept subsumption : It happens that two concepts can occur in the key-concept list, such that one is a specification of the other. Concept *subsumption* and *boosting* (see below) are used to merge or rerank such couples of concepts. If a key-concept is (stringwise) included in a longer key-concept with a higher frequency-based score, the score of the shorter key-concept is transferred to the count of the longer one. For example, if 'expression verbale' has frequency 4 and 'expression verbale des èmotions' has frequency 6, by activating this parameter the relevance of 'expression verbale des èmotions' is 6 + 4 = 10, while the relevance of 'expression verbale' is set to zero. The idea behind this strategy is that nested key-concepts can be deleted from the final key-concept list without losing relevant information, since their meaning is nevertheless contained in the longer key-concepts.

Longer concept boosting : This parameter applies in case a key-concept is (stringwise) included in a longer key-concept with a lower relevance. Its activation should better balance the ranking in order to take into account that longer n-grams are generally less frequent, but not less relevant, than shorter ones. The parameter is available in two different versions, having different criteria for computing such boosting. With the *first option*, the average score between the two key-concepts relevance is computed. Such score is assigned to the less frequent key-concepts and subtracted from the frequency score of the higher ranked one. With the *second option*, the longer key-concepts is assigned the frequency of the shorter one. In none of the two variants key-concepts are deleted from the relevance list, as it happens by activating the *Shorter concept subsumption* parameter.

For example, if 'expression verbale' has score 6 and 'expression verbale des émotions' has score 4, by activating the first option of this parameter the relevance of 'expression verbale' becomes 6 - ((6 + 4) / 2) = 1, while the relevance of 'expression verbale des émotions' is set to 5, i.e. (6 + 4) / 2 .

With the second option, both the relevance of 'expression verbale des émotions' and of 'expression verbale' is set to 6.

The examples above show that these parameters set by the user can change the output of the ranking by deleting some entries and boosting some others. After applying one cycle of subsumption/boosting, the order of the concepts can dramatically change, producing the conditions for further subsumption/boosting of concepts. The user can set the number of iterations for the application of this re-ranking mechanism, and each cycle increases the impact of the re-ranking on the key-concept list. The parameters can be activated together and in different combinations. If all parameters are set, the short concept subsumption procedure is applied first, then the longer concept boosting is run on the output of the first re-ranking, so that the initial relevance-based list goes through two reordering steps.

3 KX configuration for the DEFT 2012 task

As introduced before (Section 2.2), to port KX to the French language and, in particular, to adapt it to the DEFT 2012 task, the Morfette morphological analyzer (Chrupala *et al.*, 2008) has been integrated into the system, to select as multiword expressions only the n-grams matching certain lexical patterns (i.e. part-of-speech). Such lexical patterns are learned on the gold standard, and manually formalized and added into the system as a linguistic filter. In order to speed up this process, we took advantage of the set of lexical patterns defined for Italian, and we checked if they could be applied also for French. Moreover, new patterns were added in compliance with DEFT training data requirements. For example, the following n-grams have been added as allowed patterns (i.e. candidate multiword terms) :

- 6-grams : [SP]-[O]-[SP]-[O]-[S]-[JK], where S and P correspond to singular or plural nouns, O to the prepositions (also in combination with the article), and J and K to singular or plural adjectives (e.g. 'soulèvement [S] des [O] Métis [S] dans l' [O] Ouest [S] canadien [J]') ;
- 5-grams : [SP]-[O]-[SP]-[O]-[P], (e.g. 'gestion [S] des [O] troupeaux [P] de [O] rennes [P]') ;
- 4-grams : [SP]-[JK]-[0]-[S], (e.g. 'histoire [S] canonique [J] de la [0] traduction [S]') ;
- 3-grams : [S]-[SP]-[JK], (e.g. 'français [S] langue [S] première [J]').

We compiled black lists both for common French stopwords (containing e.g. articles, prepositions, a few numbers, and functional verbs) and stopphrases (prepositional structures such as 'au sujet de', 'en dehors de', 'en face de'), since we do not want them to be selected as key-concepts.

As for the IDF value mentioned in Section 2.1, it has been computed for 86,419 key-concepts extracted from DEFT 2012 training and test set. Among the key-concepts with the highest IDF (i.e. best candidates for final selection), we find 'inversions culturelles', 'hypertextualité', 'aménagement terminologique'. These are key-concepts that occur only in one document of the reference corpus. Among the key-concepts with a low IDF, instead, we find very common terms and expressions such as 'rapport', 'partie' and 'exemple', which are likely to be discarded as key-concepts.

The standard KX architecture has also been adapted to one of the two tracks of DEFT 2012, namely the one in which a terminological list was provided. For that track, the set of documents to be processed was accompanied by a list of domain terminology. By comparing the gold key-concepts in the training set with this list, we observed that all terms in the terminology were also gold key-concepts. Therefore, we modified KX so that, in the final re-ranking, the candidate key-concepts being present in the terminology list were significantly boosted. This adaptation lead to an improvement of almost 0.8 P/R/F1 on the test set (see Section 4).

4 Evaluation

Since KX does not require supervision, we used the training set to identify the best parameter setting, which was then applied in the test phase. The results obtained on the training and on the test set are discussed in the following subsections.

4.1 System evaluation on the training set

We report in Table 1 the best parameter setting on the training documents. Note that the reported evaluation measures have been computed using our own scorer, which counts as correct each key-concept exactly matching with the gold standard (case-insensitive). The results reported for the test set, instead, have been computed by the task organizers with another scorer, which may apply a slightly different strategy.

We extracted for each document the top k key-concepts, with k being the number of key-concepts assigned to each document in the training set (this number may vary from document to document). For this reason, Precision and Recall are the same.

	Task 1 : with terminology	Task 2 : w/o terminology
KX Parameters		
1. $MinCorpus$	8	8
2. $MinDoc$	3	3
3. Use $corpusIdf$	Yes	Yes
4. Multiply relevance by key-concept length	Yes	Yes
5. Consider position of first occurrence	No	No
6. Shorter concept subsumption	No	No
7. Longer concept boosting	No	No
8. Boost key-concepts in terminology list	Yes	No
P/R/F1 on training set	**F1 0.18**	**F1 0.15**

TAB. 1 – Best parameter combination for training set

The results obtained on the training set suggest that the key-concepts required in this task should not be too specific, since the parameters aimed at preferring specific (i.e. longer) key-concepts are not activated in the best performing setting (we refer to parameters n. 6 and 7 in the above Table). Also the position of the first key-concept occurrence is not relevant, since the parameter n. 5 is not part of the best setting. This is in contrast with KX setting used for Semeval 2010 (Pianta et Tonelli, 2010). In that case, boosting the relevance of specific key-concepts, and of those occurring in the article abstract had a positive effect on the final performance. Note also that the performance measured on French documents in DEFT is around 0.10 points lower than that achieved at Semeval on English scientific articles. We believe that this is not due to a different system performance on the two languages, but rather on the evaluation strategy, because Semeval scorer required the key-concepts to be stemmed and took into account some syntactic variations of the same key-concept (Kim *et al.*, 2010).

4.2 System evaluation on the test set

For each task, we submitted three system runs, testing different parameter combinations. Specifically, for *Task 1* (with terminological list), the three runs had the following configurations :

1. Parameter setting reported in Section 4.1 (with boosting of key-concepts in terminology

list) ;

2. Parameter setting as in Section 4.1 but *Consider position of first occurrence* activated (with boosting of key-concepts in terminology list) ;
3. Parameter setting as in Section 4.1 but terminology list is not taken into account.

As for *Task 2* (without terminological list), the three runs had the following configurations :

1. Parameter setting reported in Section 4.1 ;
2. Parameter setting as in Section 4.1 but *Consider position of first occurrence* activated ;
3. Parameter setting reported in Section 4.1 but system run only on article abstracts.

	Task 1 : with terminology	Task 2 : w/o terminology
KX Run 1	0.2682	0.1880
KX Run 2	**0.2737**	**0.1901**
KX Run 3	0.1976	0.1149

TAB. 2 – KX performance on test set

We decided to activate the parameter *Consider position of first occurrence*, even if it was not part of the best performing setting in the training phase, because it achieved good results in the Semeval 2010 challenge on English. The results confirm that, in both tasks, this yielded a (limited) improvement.

In both tasks, the third run was used to exploit configurations that were not tested in the training phase. In Task 1, the third run was obtained without taking into account the terminology list. The difference in performance between Run 1 and Run 3 confirms that this information is indeed very relevant. In Task 2, the third run concerned the extraction of key-concepts only from the abstracts, and not from the whole articles. Also in this case, the initial hypothesis that the abstract may contain all relevant key-concepts proved to be wrong.

At DEFT 2012, 10 teams submitted at least one run in Task 1, and 9 teams in Task 2. The best performing run of KX was ranked $6th$ out of 10 in Task 1 and $5th$ out of 9 in Task 2. In Task 1 the mean F1 for the best submission of each team was 0.3575, the median was 0.3321 and the standard deviation 0.2985, with system performances ranging from 0.0428 (lowest performance) to 0.9488 (best run). In Task 2 the mean F1 for the best submission of each team was 0.2045, the median was 0.1901 and the standard deviation 0.1522, with system performances ranging from 0.0785 (lowest performance) to 0.5874 (best run).

These results show that the use of terminology significantly improves the overall system performance, as confirmed in Table 2. However, KX seems to be more competitive in the second task compared to other systems. This confirms that KX strength lies in its domain-independence and in the fact that is does not require any additional information to achieve a good performance. Furthermore, we believe that the second task is more realistic than the first one : in a real application scenario, it is unlikely that a terminological list, containing only the key-concepts to be identified, is actually available.

5 Conclusions

In this paper, we presented the French version of the KX system, and we described the experiments we carried out for our participation at DEFT 2012. KX achieved good results with few adjustments of the parameter setting and a limited additional effort for domain and language adaptation. Our system requires no supervision and its English and Italian versions are distributed as a standalone key-concept extractor. Its extension, which takes into account a reference terminological list, proved to be effective and achieved a moderate improvement in the first task of the evaluation challenge.

A limitation of our system is that it is not able to identify key-concepts that are not present in the document. This kind of concepts amounted to around 20% of the gold key-concepts in the training set, and this feature strongly affected the outcome of our evaluation. A strategy to exploit external knowledge sources to extract common subsumers of the given key-concepts may be investigated in the future.

Acknowledgements

The development of KX has been partially funded by the European Commission under the contract number FP7-248594, PESCaDO project.

Références

CHRUPALA, G., DINU, G. et van GENABITH, J. (2008). Learning Morphology with Morfette. *In Proceedings of the 6th International Conference on Languages Resources and Evaluations (LREC 2008)*, Marrakech, Morocco.

FRANTZI, K., ANANIADOU, S. et MIMA, H. (2000). Automatic recognition of multi-word terms : the C-value/NC-value. *Journal of Digital Libraries*, 3(2):115–130.

JONES, S., LUNDY, S. et PAYNTER, G. (2002). Interactive Document Summarisation Using Automatically Extracted Keyphrases. *In Proceedings of the 35th Hawaii International Conference on System Sciences*, Hawaii.

KIM, S. N., MEDELYAN, O., KAN, M.-Y. et BALDWIN, T. (2010). SemEval-2010 Task 5 : Automatic keyphrase extraction from scientific articles. *In Proceedings of SemEval 2010, Task 5 : Keyword extraction from Scientific Articles*, Uppsala, Sweden.

PIANTA, E., GIRARDI, C. et ZANOLI, R. (2008). The TextPro tool suite. *In Proceedings of the 6th Language Resources and Evaluation Conference (LREC)*, Marrakech, Morocco.

PIANTA, E. et TONELLI, S. (2010). KX : A flexible system for Keyphrase eXtraction. *In Proceedings of SemEval 2010, Task 5 : Keyword extraction from Scientific Articles*, Uppsala, Sweden.

RICCA, F., TONELLA, P., GIRARDI, C. et PIANTA, E. (2004). An empirical study on keyword-based web site clustering. *In Proceedings of the 12th IWPC*, Bari, Italy.

TONELLI, S. et PIANTA, E. (2011). Matching documents and summaries using key-concepts. *In Proceedings of DEFT 2011*, Montpellier, France.

Acquisition terminologique pour identifier les mots clés d'articles scientifiques

Thierry Hamon
LIM&BIO (EA3969)
Université Paris 13
93017 Bobigny Cedex
France
thierry.hamon@univ-paris13.fr

RÉSUMÉ

Le défi Fouille de texte 2012 (DEFT2012) a pour objectif d'identifier automatiquement des mots clés choisis par les auteurs d'articles scientifiques dans les Sciences Humaines et Sociales. Une liste de termes constituée des mots clés est fournie dans la tâche 1. Pour participer à ce défi, nous avons choisi d'exploiter des outils dédiés à la constitution de terminologies structurées. Les termes obtenus sont aussi été triés et filtrés à l'aide de leur position, de méthodes de pondération statistiques et de critères linguistiques. Plusieurs configurations de notre système ont été définies. Nous avons obtenu une F-mesure de 0,3985 dans la tâche 1 et de 0,1921 dans la tâche 2.

ABSTRACT

Terminological acquisition for identifying keywords of scientific articles

The challenge DEFT2012 aims at automatically identifying the keywords chosen by the authors of scientific articles in the Humanities. A keyword list is provided within the track 1. We propose to exploit terminological acquisition approaches. The extracted terms are also sorted and filtered according to their position in the documents, weighting measures and linguistic criteria. We defined several configurations of our system. Our best F-measure for the track 1 is 0.3985 while for the track 2, the best F-measure is 0.1921.

MOTS-CLÉS : Mots clés, extraction de termes, mesure de pondération, filtrage de termes.

KEYWORDS: Keywords, Term Recognition, Weighting Measure, Term Filtering.

1 Introduction

L'association de mots clés à un document, notamment à un article scientifique, est un aspect important de l'indexation documentaire. L'objectif du défi fouille de texte 2012 (DEFT2012) est d'identifier automatiquement les mots clés choisis par les auteurs d'articles scientifiques en Sciences Humaines et Sociales. Deux tâches sont proposées. Dans la première tâche, une liste de mots clés est fournie. Il s'agit donc de retrouver les mots clés les plus pertinents pour un document donné, parmi ceux fournis. Dans la deuxième tâche, aucune liste de mots clés n'est fournie. Il s'agit alors d'identifier les mots clés pouvant être associés à chaque document. Dans les deux cas, le nombre de mots clés attendus est connu.

Après une description, à la section 2, du matériel utilisé, nous présentons les différentes approches et paramètres utilisés à la section 3. Nous décrivons ensuite, à la section 4, les différentes expérimentations qui nous permis d'obtenir les résultats présentés à la section 5.

2 Matériel

Nous avons à notre disposition un corpus pour les phases d'entraînement et de test de chaque tâche. De plus, pour la tâche 1, une liste des mots clés associés à l'ensemble des documents du corpus est mise à disposition.

Corpus Le corpus est composé d'articles scientifiques parus entre 2001 et 2008 dans des revues de Sciences Humaines et Sociales :

- Revue des Sciences de l'Éducation (RSE),
- Traduction, Terminologie, Rédaction (TTR),
- Anthropologie et Sociétés (AS),
- Meta (journal des traducteurs – META).

Le corpus est décomposé en quatre sous-corpus, constituant les ensembles d'entraînement et de test pour les tâches 1 et 2. Pour chaque tâche, le corpus d'entraînement comporte environ 1 million de mots (environ 60% de la totalité du corpus pour une tâche donnée), tandis que les corpus de test sont constitués de 680 668 mots pour la tâche 1 et 639 267 mots pour la tâche 2 (voir tableau 1). Les corpus d'entraînement étaient disponibles pendant environ 2 mois, tandis que les corpus de test devaient être traités en 3 jours.

	Entraînement				Test			
Revue	Tâche 1		Tâche 2		Tâche 1		Tâche 2	
	mots	doc.	mots	doc.	mots	doc.	mots	doc.
RSE	143 314	19	160 387	20	112 203	13	91 371	13
TTR	95 731	13	96 083	13	65 056	9	65 382	9
AS	459 467	56	435 146	56	297 006	38	269 535	37
META	334 238	52	339 051	52	206 412	34	212 979	34
Total	1 032 750	140	1 030 667	94	680 677	141	639 267	93

TABLE 1 – Description des corpus d'entraînement et de test pour les tâches 1 et 2 (nombre de mots et de documents).

Liste des mots clés Pour la tâche 1, nous disposons également de la liste de mots clés du corpus. Ainsi, lors de l'entraînement, nous disposons de 66 mots clés, et lors de la phase de test, de 478 mots clés.

3 Méthode

Afin d'identifier les mots clés de chaque document, nous avons choisi d'utiliser dans un premier temps des approches d'extraction et de reconnaissance terminologiques (section 3.1). Les résultats de cette première étape sont ensuite triés avec des méthodes de pondération des termes (section 3.2). Enfin, une étape de filtrage et de sélection des termes triés permet d'identifier les mots clés potentiellement les plus pertinents pour chaque document (section 3.3)

3.1 Acquisition terminologique

Dans cette première étape, nous avons exploité des méthodes de reconnaissance ou d'extraction de termes pour identifier des mots clés. Afin d'étendre la couverture de l'acquisition de termes et d'améliorer l'étape de filtrage, nous avons également acquis des variantes morpho-syntaxiques des termes extraits.

Reconnaissance de termes (TermTagger). Les mots clés fournis lors de la tâche 1 ont été projetés sur l'ensemble des documents du corpus de travail. Cette projection a été élargie en prenant en compte les lemmes de mots du corpus. Pour réaliser la reconnaissance des mots clés, nous avons utilisé le module Perl `Alvis::TermTagger` [1].

Extraction des termes (YATEA). Afin d'identifier les mots clés, nous avons choisi d'utiliser une méthode d'extraction de termes. Les mots clés pouvant être des mots ou des groupes nominaux, nous conservons aussi bien les termes complexes que leurs composants simples. Cette approche a été utilisée lors de la tâche 2 (où aucune liste de mots clés n'est fournie) mais aussi lors de la tâche 1 pour étendre l'identification des mots clés.

Pour réaliser l'extraction de termes sur les corpus, nous avons utilisé YATEA [2] (Aubin et Hamon, 2006). Cet outil terminologique a pour objectif d'extraire d'un corpus des groupes nominaux qui peuvent être considérés comme de termes candidats. Il fournit leur analyse syntaxique sous forme d'une décomposition en tête et modifieur. L'extraction des termes est réalisée sur des critères linguistiques (patrons d'analyse simples utilisés de manière récursive et combinés à une désambiguisation endogène et la prise en compte de phénomène de variation morpho-syntaxique). Des mesures de pondération statiques sont également associées à chaque terme (fréquence, TF-IDF, etc.).

Acquisition de variantes morpho-syntaxiques (Faster). L'acquisition de variantes morpho-syntaxiques nous permet d'étendre la couverture des termes extraits par YATEA, mais aussi d'améliorer le tri et le filtrage des termes extraits.

Nous avons utilisé Faster (Jacquemin, 1997) en mode indexation libre. Il nous est ainsi possible de reconnaître les variantes des termes extraits par YATEA à travers trois types de variation morpho-syntaxique : la coordination de termes, l'insertion et la juxtaposition de modifieurs

1. `http://search.cpan.org/~thhamon/Alvis-TermTagger/`
2. `http://search.cpan.org/~thhamon/Lingua-YaTeA/`

et la permutation. Comme nous ne disposons pas de ressources dérivationnelles, les variantes dérivationelles n'ont pas pu être identifiées.

3.2 Méthodes de pondération

Afin d'identifier les mots clés parmi les termes extraits du corpus, ceux-ci doivent être triés par ordre de pertinence. Pour cela, nous avons utilisé plusieurs méthodes de pondération :

- la fréquence du terme dans le document (**tf**)
- le **TF-IDF** associé au terme (Salton et McGill, 1986)
- la position de la première occurrence du terme (**position**). Nous considérons ici que les termes situés au début du document ont un poids plus élevés que ceux situés à la fin. La position est le nombre de caractères depuis le début du document. Les termes sont alors triés dans l'ordre décroissant. Nous n'avons pas distingué le résumé du reste du document afin d'avoir les termes présents dans le résumé parmi les premières positions.
- le cosinus de la position de la première occurrence du terme (**positionCos**). Nous avons fait l'hypothèse que les termes présents au début (notamment dans les sections *résumé* et *introduction*) ou à la fin (notamment *conclusion*) du document sont les plus pertinents. On place ainsi la première occurrence de chaque terme sur le cercle trigonométrique en considérant que le début du document est l'angle 0 et la fin l'angle 2π. Nous avons calculé le cosinus de l'angle formé par la position.
- l'origine des termes (**termOrigin**). Les termes issus de la liste de mots clés sont prioritaire sur les termes extraits par YATEA ou les variantes morpho-syntaxiques. Dans le cas des termes extraits automatiquement, la pondération peut tenir compte de l'application du filtre **filtrTermino** (voir section 3.3).

3.3 Filtrage et sélection des termes

Les termes peuvent être filtrés ou regroupés suivant différents critères linguistiques :

- Suppression des termes situés dans des phrases rédigés dans une langue autre que le français (**filtrLang**). Les revues étant issues des Sciences Humaines et Sociales, les articles contiennent des phrases exemples pouvant être écrits dans différentes langues. L'extracteur de termes identifie alors des termes qu'il n'est pas nécessaire de considérer comme des mots clés. Pour identifier la langue des phrases des articles, nous avons utilisé le module Perl `Lingua::Identify`[3] en utilisant les paramètres par défaut et ne visant à identifier que le français, l'anglais, l'allemand, l'espagnol et l'italien.
- Suppression des termes (modifieurs de termes complexes) étiquetés comme adjectifs. Les adjectifs correspondant à des mots clés sont conservés (**filtrAdj**) lors de la tâche 1. Par exemple, *espagnol* est étiqueté comme un adjectif mais peut correspondre à un nom et donc à un mot clé. Il est alors conservé.
- Prise en compte de l'inclusion lexicale : les termes en position tête d'un terme et ayant de rang plus élevé dans la liste triée sont supprimés (**filtrInclLex**). Par exemple, dans la liste triée (*Verbes supports*, *traduction*, *paraphrase*, *traduction automatique*), le terme *traduction* sera supprimé car celui-ci est inclus dans le terme *traduction automatique*.

3. `http://search.cpan.org/~ambs/Lingua-Identify/`

- Regroupement des termes en fonction de leur forme canonique (concaténation des lemmes des composants) et filtrage par la forme fléchie la plus fréquente (**filtrCan**).
- Sélection des termes contenant au moins un mot plein issu de la liste des mots clés (**filtrTermino**). Nous faisons l'hypothèse que si les mots clés sont composés de mots caractéristiques du domaine (en écartant les mots vides), il est possible de conserver les termes composés de ces mots. Nous avons également associé à chaque terme, un poids correspondant à la proportion de mots caractéristiques présents parmi les mots composants le terme.

Les filtres **filtrAdj** et **filtrTermino** sont appliqués avant le tri de la liste de termes par ordre de pertinence, tandis que les autres sont utilisés avec la liste des termes triés. La liste résultante de ce filtrage est ensuite réduite au nombre de mots clés attendus pour chaque document.

4 Expérimentations

Nous avons réalisé plusieurs expériences afin d'identifier les combinaisons de paramètres les plus adaptés pour l'identification des mots clés. L'ensemble des traitements a été réalisé dans la plate-forme Ogmios (Hamon et Nazarenko, 2008). Chaque corpus a été segmenté en mots et en phrases. Nous avons utilisé le TreeTagger (Schmid, 1997) pour l'étiquetage morpho-syntaxique et la lemmatisation des mots. En fonction des paramètres des expériences, nous avons utilisé au moins un des trois outils terminologiques (TermTagger, YATEA, Faster) décrits à la section 3.1. Les listes de termes ont ensuite été triées et filtrées en combinant plusieurs paramètres.

A partir des résultats sur le corpus d'entraînement, nous avons défini 3 runs pour les tâches 1 et 2. Pour tous les runs, nous avons effectué un filtrage sur la langue (**filtrLang**) et les adjectifs (**filtrAdj**).

Tâche 1 (utilisation de la liste des mots clés)

- Run 1 : Les termes sont identifiés à l'aide du **TermTagger** en exploitant la liste des mots clés fournie par le défi. Suite aux résultats sur le corpus d'entraînement, nous avons choisi de différencier les méthodes de filtrage en fonction des sous-corpus. Ainsi, pour les sous-corpus **RSE**, **TTR** et **META**, nous avons exploité la position des termes pour trier la liste, alors que pour le sous-corpus **AS**, les termes sont triés en fonction du produit des poids **positionCos** et **tf**. Le filtre **filtrInclLex** est ensuite appliqué pour réduire la liste des termes et sélectionner les mots clés.
- Run 2 : Nous avons exploité **TermTagger** et YATEA pour extraire les termes du corpus. Le filtre **filtrTermino** a été appliqué pour d'une part sélectionner les termes les plus pertinents, d'autre part pour associer le poids **termOrigin** aux termes extraits par YATEA. La liste des termes a ensuite été triée en fonction de la méthode de pondération **termOrigin** et, lorsque les valeurs sont égales, en fonction du poids **tf**.
- Run 3 : dans ce run, nous avons également exploité **TermTagger** et YATEA pour extraire les termes du corpus et le filtre **filtrTermino**. Nous avons choisi d'utiliser différents poids pour le tri de la liste des termes en fonction des sous-corpus. Ainsi, pour les sous-corpus RSE et TTR, nous avons exploité le **TF-IDF** pour trier les termes. Pour les sous-corpus META et AS, nous utilisé le produit des poids **positionCos** et **tf**.

Tâche 2

- Run 1 : L'extraction des termes a été réalisé à l'aide de YATEA. Nous avons ensuite exploité le **TF-IDF** pour trier la liste des termes. Celle-ci a ensuite été réduite à l'aide du filtre **filtrCan** (regroupement des termes possédant les mêmes formes canoniques).
- Run 2 : Nous avons utilisé YATEA pour extraire les termes du corpus et Faster. La liste des termes a été triée en fonction du produit des poids **positionCos** et **TF-IDF**, et réduite à l'aide du filtre **filtrCan**.
- Run 3 : Les termes ont été extraits à l'aide de YATEA. Nous avons utilisé le produit des poids **positionCos** et **tf** pour trier les termes. Les termes ont ensuite été sélectionné à l'aide du filtre **filtrCan**.

5 Résultats et discussion

Les résultats obtenus sur le corpus de test sont présentés dans le tableau 2. Le meilleur run de la tâche 1 obtient une F-mesure de 0,39. Il s'agit de projeter les mots clés et de les trier en fonction de leur position. Les expérimentations sur les corpus d'entraînement ont montré que les paramètres liés à la position (**position** et **positionCos**) ont une influence sur les résultats. Les résultats obtenus sur les deux autres runs semblent montrer que la fréquence des termes dégradent l'identification des mots clés. Enfin, sur le corpus d'entraînement, nous avons observé que seulement 72 % des mots clés projetés avec **TermTagger** étaient présents dans le corpus [4], et que l'utilisation de YATEA permet d'augmenter légèrement les résultats (+0,5 %). De même, YATEA permet d'identifier 55 % des mots clés.

En ce qui concerne la tâche 2, nous obtenons une F-mesure de 0,19 pour le meilleur run. Il s'agit de trier les termes extraits avec YATEA, en fonction du produit des poids **positionCos** et de la fréquence dans le document, les termes étant ensuite regroupés et filtrés en fonction de leur forme canonique.

Run	tâche 1			Tâche 2		
	Précision	Rappel	F-mesure	Précision	Rappel	F-mesure
1	**0,3985**	0,3985	0,3985	0,1798	0,1798	0,1798
2	0,3333	0,3333	0,3333	0,1612	0,1612	0,1612
3	0,2253	0,2253	0,2253	**0,1921**	0,1921	0,1921

TABLE 2 – Résultats sur le corpus de test

L'analyse des résultats montre que lorsque la liste des mots clés est fournie, la position de la première occurrence de termes est prépondérante lors des phases de tri et de sélection. Par ailleurs, l'utilisation d'un extracteur de termes permet de couvrir correctement les mots clés à identifier.Enfin, les mesures de pondération globales telles que le TF-IDF ne permettent pas d'obtenir des résultats satisfaisants (le constat est le même avec la CValue (Maynard et Ananiadou, 2000)).

4. Il s'agit d'un calcul du rappel légèrement différent de celui utilisé par les organisateurs du défi.

6 Conclusion

Nous avons exploité des approches dédiées à l'acquisition terminologique pour identifier des mots clés dans des corpus d'articles scientifiques des Sciences Humaines et Sociales. Les listes de termes extraites ont été triées et filtrées à l'aide de méthodes de pondération (position, fréquence au sein du document, TF-IDF, etc.) et de critères linguistiques. Les résultats obtenus montrent l'importance de la prise en compte de la position dans cette tâche quel que soit le cas de figure. En revanche, une méthode de pondération globale comme le TF-IDF ne semble pas être très utile dans ce contexte applicatif.

Les approches d'acquisition terminologique et notamment les extracteurs de termes, permettent d'obtenir une couverture relativement correcte, mais il est nécessaire de poursuivre les investigations sur les mesures statistiques permettant de trier au mieux les termes extraits. Nous envisageons par la suite d'utiliser l'algorithme de Page Rank (Page *et al.*, 1998) pour trier et filtrer les termes. De même la structure des documents pourraient être exploités beaucoup plus, notamment en prenant en compte la présence des termes dans le résumé ou les différentes sections du document (le titre des documents n'était malheureusement pas disponible lors du défi, mais il nous semble qu'il pourrait être important de le prendre en compte). Enfin, l'identification automatique des mots clés pourrait être conçue comme une tâche d'assistance aux rédacteurs des documents. Dans ce cas de figure, il serait intéressant de pouvoir évaluer l'apport des différentes approches en calculant une précision sur les n premiers termes ou un pourcentage de la liste.

Références

AUBIN, S. et HAMON, T. (2006). Improving term extraction with terminological resources. *In* SALAKOSKI, T., GINTER, F., PYYSALO, S. et PAHIKKALA, T., éditeurs : *Advances in Natural Language Processing (5th International Conference on NLP, FinTAL 2006)*, numéro 4139 de LNAI, pages 380–387. Springer.

HAMON, T. et NAZARENKO, A. (2008). Le développement d'une plate-forme pour l'annotation spécialisée de documents web : retour d'expérience. *Traitement Automatique des Langues*, 49(2):127–154.

JACQUEMIN, C. (1997). *Variation terminologique : Reconnaissance et acquisition automatiques de termes et de leurs variantes en corpus*. Mémoire d'habilitation à diriger des recherches en informatique fondamentale, Université de Nantes.

MAYNARD, D. et ANANIADOU, S. (2000). Identifying terms by their family and friends. *In Proceedings of COLING 2000*, pages 530–536, Saarbrucken, Germany.

PAGE, L., BRIN, S., MOTWANI, R. et WINOGRAD, T. (1998). The pagerank citation ranking : Bringing order to the web. Rapport technique, Stanford Digital Library Technologies Project.

SALTON, G. et MCGILL, M. J. (1986). *Introduction to Modern Information Retrieval*. McGraw-Hill, Inc., New York, NY, USA.

SCHMID, H. (1997). Probabilistic part-of-speech tagging using decision trees. *In* JONES, D. et SOMERS, H., éditeurs : *New Methods in Language Processing Studies in Computational Linguistics*.

Indexation à base des syntagmes nominaux

Amine Amri Maroua Mbarek Chedi Bechikh
Chiraz Latiri Hatem Haddad
Equipe de recherche URPAH, Faculté des Sciences Tunis El Manar
esc.amriamine@gmail.com, maroua.mbarek@yahoo.fr, chedi.bechikh@gmail.com
chiraz.latiri@gnet.tn, haddad.hatem@gmail.com

RÉSUMÉ

Cet article présente la participation de l'équipe URPAH à DEFT 2012. Notre approche exploite les syntagmes nominaux dans le cadre d'identification automatique des mots-clés indexant le contenu d'articles scientifiques ayant paru en revues de Sciences Humaines et Sociales, avec l'aide de la terminologie des mots clés (piste1) et sans terminologie (piste2).

ABSTRACT

This paper presents the URPAH team's participation in DEFT 2012.Our approach uses noun phrases in the automatic identification of keywords indexing the content of scientific papers published in a review of Human and Social Sciences, with assistance from the terminology of keywords (piste1) and without terminology (piste2)

MOTS-CLÉS : syntagmes nominaux, patrons syntaxiques, recherche d'information.

KEYWORDS: noun phrases, syntactic patterns, information retrieval.

1 Introduction

Cet article décrit la participation de l'équipe URPAH à ce défi. La tâche proposée dans le cadre du Défi Fouille de Texte (DEFT) en 2012 porte sur l'identification automatique des mots-clés indexant le contenu d'articles scientifiques. Nous nous sommes focalisé sur les mots-clés complexes et principalement les syntagmes nominaux (SNs).

2 Mots-clés syntagmatiques

2.1 Indexation à base des mots simple vs indexation à base des syntagmes nominaux

Un système de recherche d'information se pose le problème de reconnaître, au sein d'une collection de documents, les documents significatifs d'un ensemble d'informations. D'une part, l'information disséminée dans un texte n'est pas structurée et donc difficilement accessible et identifiable. D'autre part, les Systèmes de Recherche d'Information (SRI) doivent également offrir une interface d'aide à la formulation des requêtes, pour qu'elle soit une transcription valide du besoin d'information de l'utilisateur.

La plupart des Systèmes de Recherche d'Information (SRI) utilisent des termes simples pour indexer et retrouver des documents. Cependant, cette représentation n'est pas assez précise pour représenter le contenu des documents et des requêtes, du fait de l'ambiguïté des termes isolés de leur contexte. Une solution à ce problème consiste à utiliser des termes complexes à la place de termes simples isolés (Boulaknadel, 2006). Cette approche se fonde sur l'hypothèse qu'un terme complexe est moins ambigu qu'un terme simple isolé.

2.2 Importance des syntagmes nominaux pour la recherche d'information

Les SRIs actuels se basent toujours sur l'hypothèse initiale qu'un document doit partager les termes d'une requête pour être identifié comme pertinent. Le problème de la RI semble alors se résumer à un simple calcul de correspondance entre un ensemble de mots clés de la requête de l'utilisateur avec l'ensemble des mots clés représentant le document.

Les systèmes de RI présentent des limites associées aux méthodes exploitées pour représenter les contenus textuels. Le passage du document ou de la requête en texte intégral à une représentation en " sac de mots ", telle qu'elle est présentée par la plupart des modèles de RI, implique des pertes d'informations conséquentes. Cette représentation souffre d'un sérieux inconvénient qui est le fait que les termes simples sont souvent ambigus et peuvent se référer à des concepts différents : si l'on considère le mot composé " *pomme de terre* ", les mots simples pomme et terre ne gardent pas leur propre sens que dans l'expression " *pomme de terre* " et si on les utilise séparément ils deviennent une source d'ambiguïté. Donc les mots simples ne peuvent pas être considérés comme un langage de représentation expressif et précis du contenu sémantique.

En fonction de ces difficultés associées à la complexité du langage naturel, une solution souvent évoquée est d'employer des unités lexicales complexes qui sont plus précises que les unités lexicales simples pour représenter les documents et requêtes afin d'améliorer les performances des SRIs (Haddad, 2003).

2.3 Termes complexes en RI

L'utilisation d'une représentation complexe revient à laisser les mots dans le contexte dans lequel les auteurs les ont écrits, en opposition à l'utilisation de mots simple, où les mots sont détachés de leurs contextes. L'hypothèse est que les termes complexes sont plus aptes à désigner des entités sémantiques (concepts) que les mots simples et constituent alors une meilleure représentation du contenu sémantique des documents (Mitra *et al.*, 1997).

Les termes complexes peuvent être sélectionnés statistiquement, linguistiquement ou en combinant les deux approches. Les techniques statistiques permettent de découvrir des séries de mots ou de combinaisons de mots qui occurrent fréquemment dans un corpus. Les techniques linguistiques visent à extraire les dépendances ou les relations entre les termes grâce aux phénomènes langagiers. Une étude comparative des résultats des approches d'extraction et d'indexation avec des termes complexes (statistique, linguistique et hybride) n'a pas abouti à des conclusions claires en ce qui concerne leur utilité en RI (Mitra *et al.*, 1997).

L'équipe XEROX durant TREC-5 (Hull *et al.*, 1997) a testé l'impact de la reconnaissance de la dépendance syntaxique des mots pour éliminer le bruit dans les couples de mots extraits statistiquement et réduire le silence par la reconnaissance de paires de termes reliés syntaxiquement. Les résultats de ces expérimentations montrent que l'indexation avec des termes complexes extraits syntaxiquement affecte plus positivement les résultats d'un SRI que les groupes de mots extraits statistiquement dans les cas où les requêtes sont longues.

Dans (Haddad, 2002), l'auteur fait l'indexation des documents et des requêtes après l'analyse linguistique et l'extraction des syntagmes nominaux (SNs). Outre l'indexation classique avec des unitermes, il a testé l'indexation des unitermes et des SNs ensemble dans un même vecteur et il a testé aussi l'indexation des unitermes et des SNs séparément. Les résultats des expérimentations montrent que l'intégration des SNs dans l'indexation permet d'obtenir de meilleures performances par rapport à l'utilisation des unitermes et en particulier, la séparation des unitermes et des SNs dans deux sous-vecteurs différents donne les meilleurs résultats.

Le et Chevalet (Diem et Chevallet, 2006) utilisent une méthode d'extraction de connaissances hybride qui fusionne l'association entre les paires de termes extraits statistiquement avec les relations sémantique extraites linguistiquement. L'extraction des SNs est faite en utilisant les patrons syntaxiques selon des règles basés sur les catégories grammaticales. Dans ce cas, les SNs sont organisés en réseaux de dépendance syntaxique (tête et expansion/modificateur) en ajoutant les associations statistiques et sémantiques. La mesure de la qualité sémantique permet d'évaluer l'importance d'un terme et sa contribution à la représentation du contenu du corpus. Cette approche combine l'information statistique basée sur le calcul de fréquence de termes et l'information syntaxique sur la structure des SNs dans un réseau de dépendance. L'information sémantique est étudiée à travers les relations : synonymie, hyperonymie, causalité.

La plupart des travaux montrent que l'utilisation des syntagmes offre un avantage pour un SRI (Woods *et al.*, 2000), les auteurs dans (Hull *et al.*, 1997; Mitra *et al.*, 1997; Haddad, 2003) ont montré que l'indexation avec des SNs extraits linguistiquement affecte plus positivement les résultats d'un SRI que celle avec des groupes de mots extraits statistiquement.

2.4 Les syntagmes nominaux

Plusieurs travaux menés par des linguistiques ont montré le lien entre SNs et thèmes (ce dont on parle ou ce dont il est question) d'une part, et d'autre part entre syntagmes verbaux et thèmes (ce qu'on en dit ou le propos) (Amar, 2000). Plus précisément, ils s'accordent sur le fait que seuls les groupes nominaux peuvent être des référents (Amar, 2000). C'est pourquoi dans le domaine de la RI, les SNs ont eu plus d'attention puisque c'est le thème qui est intéressant plus que le rhème. Donc dans notre travail, on a choisi les SNs comme représentant des thèmes et comme descripteur au lieu d'utiliser les mots isolés.

Il reste néanmoins très difficile de placer les SNs réellement à un niveau sémantique. De manière pratique, c'est la structure syntaxique qui sert de passerelle vers le niveau sémantique. En effet, les auteurs dans (Carballo et Strzalkowski, 2000) indiquent qu'un traitement linguistique, pour une représentation des documents avec des termes complexes, peut couvrir, contrairement à une représentation avec des mots simples, certains aspects sémantiques du contenu des documents. Nous nous intéressons alors aux SNs au niveau syntagmatique de l'analyse linguistique sans prendre en considération les niveaux sémantique et paradigmatique. Une analyse de surface avec des patrons syntaxiques semble suffisante comme l'atteste les travaux de Debili (Debili, 1982).

Dans le cadre de l'analyse syntaxique d'une phrase, on parle de segmentation en unités fonctionnelles appelées syntagmes. Les syntagmes peuvent avoir la même fonction qu'un mot seul et ils peuvent également inclure un ou plusieurs autres syntagmes. Linguistiquement, un SN peut être caractérisé d'une part par les catégories grammaticales de ces composantes et d'autre part par les règles syntaxiques de l'agencement de ces composantes. Les catégories grammaticales des éléments d'un syntagme nominal sont : substantif, préposition, conjonction, article, adjectif, verbe à l'infinitif, participe passé et adverbe. L'ordre d'enchaînement de ces catégories dans un SN respecte des règles linguistiques qui permettent d'avoir des SNs corrects. A partir de ces deux caractéristiques des SNs, des patrons syntaxiques peuvent être construits (Debili, 1982). Ces patrons décrivent les catégories grammaticales et l'ordre dans le quel les éléments d'un syntagme nominal doivent apparaitre.

2.5 Extraction des syntagmes nominaux

Nous avons opté pour une approche linguistique pour l'extraction de syntagmes nominaux à partir du contenu des articles scientifiques de DEFT 2012. Notre approche vise à extraire les dépendances ou les relations entre termes grâce aux phénomènes langagiers. Nous effectuons d'abord l'analyse linguistique avec un étiqueteur, qui génère une collection étiquetée. Chaque mot est alors associé à une « étiquette » syntaxique. Cette étiquette correspond à la catégorie syntaxique du mot. Ensuite, on utilise cette collection étiquetée et on en extrait un ensemble de SNs. Les syntagmes nominaux candidats sont extraits par repérage de patrons syntaxiques.

Nous adoptons la définition des patrons syntaxiques dans (Haddad, 2002), où un patron syntaxique est une règle sur l'ordre d'enchainement des catégories grammaticales qui forment un SN :
- V : le vocabulaire extrait du corpus
- C : un ensemble de catégories lexicales
- L : le lexique $\subset V \times C$

Un patron syntaxique est une règle de la forme :

$$X := Y_1 Y_2 Y_k ... Y_{k+1} Y_n$$

Avec Yi ∈ C et X un syntagme nominal.
Exemples :
ADJQ SUBC : « premier ministre", "petite échelle », etc.
SUBC PREP SUBC : « job d'été », « programmes de prévention », etc.

Nous nous basons dans nos travaux sur les 10 patrons syntaxiques les plus susceptibles de contenir le maximum d'information (Haddad, 2002).

3 Description des corpus et résultats

3.1 Corpus d'apprentissage

L'ensemble du corpus d'apprentissage constitue de 281 documents. La tâche se subdivise en deux pistes. La première piste contient 140 documents avec une liste de la terminologie des mots clés. Une deuxième piste contient 141 articles sans terminologie.

3.2 Corpus de test

L'ensemble du corpus de test est constitué de 187 documents. La tâche se subdivise en deux pistes. L'une contient 93 documents avec une liste de la terminologie des mots clés. Une deuxième piste contient 94 articles sans terminologie.

3.3 Résultats et discussion

Le tableau ci-dessous présente la précision, le rappel et la F-mesure pour chaque tâche. Les runs soumis au corpus de test piste 1 avec terminologie (tâche 1) et au piste 2 sans terminologie (tâche 2) obtiennent respectivement des précisions de 0.16 et 0.12.

Notre participation dans l'atelier DEFT 2012 est basée sur une approche automatique d'extraction de mots-clés à base de syntagmes nominaux. L'objectif est d'identifier les mots clés, tels qu'ils ont

	Precision	Recall	F-mesure
Tâche 1	0.1694 [91/537]	0.1694 [91/537]	0.16
Tâche 2	0.1203 [58/482]	0.1198 [58/484]	0.12

TABLE 1 – Résultats

été choisis par les auteurs, pour indexer des articles scientifiques. Dans un premier temps, nous utilisons un analyseur syntaxique pour analyser les documents et étiqueter les mots. Le système utilise la collection étiquetée pour extraire l'ensemble des syntagmes nominaux.

Étant donné que chaque document doit être représenté par un nombre fixe de mots-clés, le système procède alors à un filtrage automatique des SNs. Notre approche de filtrage est basée sur le nombre d'occurrences des SNs dans chaque document. Les SNs les plus fréquents sont alors considérés par le système comme étant les mots-clés. Ce processus automatique de filtrage justifie les résultats de notre approche. En effet, vu la taille relativement petite des documents, les SNs extraits sont d'une part peu fréquents mais aussi d'une autre part possèdent tous le même nombre d'occurrences dans un document. Si le nombre de mots-clés requis pour un documents est n, notre système sélectionne alors les n premiers SNs rencontrés dans le document.

4 Conclusion et perspectives

Dans cette contribution, nous avons présenté une approche d'extraction automatique de mots-clés à base de syntagmes nominaux. Notre approche se base sur un traitement linguistique pour l'extraction des SNs à base de patrons syntaxiques. Les SNs extraits sont alors automatiquement filtrés pour ne garder que le nombre requis de mots-clés pour chaque document. C'est ce processus de filtrage qui sera remis en question dans nos perspectives.

Références

AMAR, M. (2000). Les fondements théoriques de l'indexation : une approche linguistique. ADBS éditions.

BOULAKNADEL, S. (2006). Utilisation des syntagmes nominaux dans un système de recherche d'information en langue arabe. *In CORIA*, pages 341–346. Université de Lyon.

CARBALLO, J. P. et STRZALKOWSKI, T. (2000). Natural language information retrieval : progress report. *Inf. Process. Manage.*, 36(1):155–178.

DEBILI, F. (1982). Analyse syntaxico-semantique fondee sur une acquisition automatique de relations lexicales-semantiques. habilitation à diriger des recherches.

DIEM, L. T. H. et CHEVALLET, J.-P. (2006). Extraction et structuration des relations multi-types à partir de texte. *In RIVF'06*, pages 53–58, Ho Chi Minh Ville, Viêt-Nam.

HADDAD, H. (2002). *Extraction et Impact des connaissances sur les performances des Systèmes de Recherche d'Information*. Thèse de doctorat, Université Joseph Fourier.

HADDAD, H. (2003). French noun phrase indexing and mining for an information retrieval system. *In String Processing and Information Retrieval, 10th International Symposium*, pages 277–286, Manaus, Brazil.

HULL, D. A., GREFENSTETTE, G., SCHULZE, B. M., GAUSSIER, E., SCHÜTZE, H. et PEDERSEN, J. O. (1997). Xerox trec-5 site report : Routing, filtering, nlp, and spanish tracks. *In Proceedings of the Fifth Text REtrieval Conference (TREC-5)*, pages 167–180.

MITRA, M., BUCKLEY, C., SINGHAL, A. et CARDIE, C. (1997). An analysis of statistical and syntactic phrases. *In* DEVROYE, L. et CHRISMENT, C., éditeurs : *RIAO*, pages 200–217.

WOODS, W. A., BOOKMAN, L. A., HOUSTON, A., KUHNS, R. J., MARTIN, P. et GREEN, S. (2000). Linguistic knowledge can improve information retrieval. *In Proceedings of the sixth conference on Applied natural language processing*, ANLC '00, pages 262–267, Stroudsburg, PA, USA. Association for Computational Linguistics.

Détection de mots-clés par approches au grain caractère et au grain mot

Gaëlle Doualan, Mathieu Boucher, Romain Brixtel, Gaël Lejeune, Gaël Dias
Équipe HULTECH (GREYC, Université de Caen), Bd Maréchal juin, 14032 Caen Cedex
prenom.nom@unicaen.fr

RÉSUMÉ
Nous présentons dans cet article les méthodes utilisées par l'équipe HULTECH pour sa participation au Défi Fouille de Textes 2012 (Deft 2012). La tâche de cette édition du défi consiste à retrouver dans des articles scientifiques, les mots-clés choisis par les auteurs. Nous nous appuyons sur la détection de chaînes répétées maximales ($rstr_{max}$), au grain caractère et au grain mot. La méthode développée est simple et non supervisée. Elle a permis à notre système d'atteindre la 3e place (sur 10 équipes) sur la première piste du défi.

ABSTRACT
Keywords extraction by repeated string analysis

We present here the HULTECH(Human Language Technology) team approach for the Deft 2012 (french text mining challenge). The aim of the challenge is to retrieve the keywords given by the authors of scientific articles. Our method relies on a text algorithmics technic : detection of maximal repeated strings. This technic is applied at character level and word level. We achieved the third rank (over 10) of the first track.

MOTS-CLÉS : Recherche d'information, extraction de mots-clés, algorithmique du texte.

KEYWORDS: Information retrieval, keywords extraction, string algorithmics.

1 Introduction

La tâche proposée dans le cadre du Défi Fouille de Textes 2012 consiste à retrouver dans des articles de sciences humaines les mots-clés proposés par les auteurs. Le corpus de travail est scindé en deux pistes, la première comportant 140 articles et la seconde 141. Une terminologie qui regroupe tous les mots-clés des articles est proposée avec la première piste. Dans cet article nous proposerons deux approches : une basée sur la connaissance de la terminologie, une autre adaptée à l'absence de cette terminologie. Ce sera pour nous l'occasion de comparer les deux approches et leurs résultats. Nos deux approches s'appuient sur un algorithme de recherche de chaînes répétées maximales, ci-après $rstr_{max}$ [1]. Dans la première approche, basée sur la terminologie, nous prenons comme grain d'analyse le caractère. Dans la seconde approche nous prenons comme grain d'analyse le mot graphique, sans appui sur la terminologie ni pour la piste 1 ni pour la piste 2. Dans la section 2, nous procédons à une analyse du corpus qui nous permet d'appréhender le matériau sur lequel nous travaillons. Dans la section 3, nous détaillons

1. L'implantation en python utilisée est disponible à l'url suivante : `code.google.com/p/py-rstr-max`

nos deux approches. Ensuite, nous présenterons les résultats dans la section 4et proposons une confrontation de ces deux approches dans la section 5.

2 Description du corpus

Le corpus utilisé comporte des articles de sciences humaines provenant de quatre revues diffusées sur le site Erudit[2]. Nous présenterons ici plus précisément les articles2.1 à traiter et les mots-clés qui leur sont associés2.2.

2.1 Les articles du corpus DEFT 2012

Le corpus DEFT 2012 est constitué de 300 articles répartis sur 4 revues de sciences humaines :
- Anthropologie et Société (AS)
- Revue des Sciences de l'Education (RSE)
- Traduction, Terminologie et Rédaction (TTR)
- Méta : journal des traducteurs (META)

2.1.1 Configuration des articles

Les articles sont au format *xml*. Ils sont constitués d'un identifiant, de la liste des mots-clés fournis par l'auteur, d'un résumé et du corps de l'article lui-même. Le nom de la revue n'apparaît pas dans le fichier *xml* mais dans le nom du fichier. De même, le nom de l'auteur et le titre de l'article ne figurent pas dans le fichier *xml*. Ceci a rendu plus complexe la recherche des mots-clés notamment du fait que le nom de l'auteur figurait systématiquement parmi les mots-clés des articles de la revue Anthropologie et Société.

Nous présentons dans la figure 1 un exemple d'article du corpus afin de montrer sa configuration et sa structure, notons que les titres et sous-titres des articles n'étaient pas disponibles.

2.1.2 Statistiques sur les articles

Nous avons effectué des statistiques sur les articles afin de pouvoir mieux les appréhender (Tableau 2).

	Nombre de documents	Taille moyenne en paragraphes	Taille moyenne en caractères
Piste 1	94	67,8	41235
Piste 2	93	80,2	39153

Tableau 1 – Statistiques sur les documents du corpus d'évaluation

Le nombre moyen de paragraphes ne varie pas particulièrement en fonction de la revue, à l'exception de certains articles de META pour lequel le découpage en paragraphes était mauvais.

2. `http://www.erudit.org`

```
< ?xml version="1.0" encoding="UTF-8" ?>
-<doc id="0001">
-<motscles>
<nombre>4</nombre>
<mots>Labrecque ;économie politique ;féminisme ;ethnographie</mots>
</motscles>
-<article>
-<resume>
<p>Tout en poursuivant l'objectif de la présentation du numéro,
. . . . . . . . . . . . . . . . . .
la consolidation de la théorie.</p>
</resume>
-<corps>
<p>Qui sape l'ethnographie ébranle la théorie
. . . . . . . . . . . . . . . . . . . . . . . .
d'une anthropologie engagée, d'autre part.</p>
</corps>
</article>
</doc>
```

FIGURE 1 – Un exemple d'article du jeu d'entraînement

2.2 Les mots-clés

Nous avons remarqué que les articles ne comportent pas le même nombre de mots-clés : en moyenne 5,4 95,2 sur la piste 2 et 5,7 sur la piste 1). Mais une grande disparité peut exister d'un texte à l'autre, l'étendue étant de 9 (1 à 10 mots clés par article). Nous avons noté que le premier mot-clé est systématiquement le nom de l'auteur de l'article pour la revue Anthropologie et Société. C'est dans un tel cas que la mention du nom de l'auteur dans le fichier nous aurait été utile.

2.2.1 Nature des mots-clés

- Noms propres : nom de l'auteur (ex : Labrecque), auteur faisant l'objet de l'article (ex : Jack Kerouac), lieu géographique (ex : Japon)
- Noms communs : des noms communs seuls ou parfois accompagnés d'adjectifs, mais jamais de verbes ni d'adverbes (ex : féminisme, économie politique)
- Parfois les noms sont complétés par des compléments du noms, formant des motifs tels que celui-ci : N de art N (ex : traitement de l'information sociale)
- Cas particuliers : des noms coordonnés (ex : traduction scientifique et technique)

Nous avons remarqué que plus les mots-clés étaient longs, moins on avait de chances de les retrouver tels quels dans le texte. Lorsque l'on a la chance de les rencontrer dans le texte, ils y sont peu fréquents. Globalement 79% des mots-clés sont présents tels quels dans le corps du texte, 44,5% dans le résumé et 42% et dans le corps et dans le résumé.

3 Description des approches

Notre première approche basée sur le grain caractère utilise la terminologie afin de s'attaquer à la piste 1. Notre seconde approche n'utilise pas la terminologie et a été utilisée sur les deux pistes.

3.1 Approche au grain caractère

Nous reprenons ici les principes de la méthode utilisée pour le Deft 2011 (Lejeune *et al.*, 2011). On suppose que les segments communs entre le résumé et le reste du texte constituent de bons descripteurs. Pour sélectionner les descripteurs pertinents nous nous fondons sur leur proximité avec des éléments terminologie, technique utilisée dans le domaine de l'Extraction d'Information multilingue (Lejeune *et al.*, 2010).

La méthode $rstr_{max}$ L'analyse au grain caractère est effectué en recherchant des motifs sans trous (ci-après *motifs*) tels que définis par (Ukkonen, 2009). Ces motifs sont des sous-chaînes du texte ayant les caractéristiques suivantes[3] :

répétés : les motifs apparaissent au moins deux fois ;

maximaux : les motifs ne sont pas inclus dans des motifs plus grands et de même effectif

3. Pour une description plus formelle voir `code.google.com/p/py-rstr-max`

Nous comparons les deux segments textuels(résumé et corps) et l'ensemble de la terminologie en une seule opération. Nous conservons les $rstr - max$ apparaissant dans ces deux segments et dans un élément de la terminologie. Seuls les motifs respectant un critère de longueur donné sont considérés comme pertinents. Pour tenir compte des variations morphologiques du français, nous avons fixé la proximité minimale entre un motif trouvé et un élément de la terminologie à 0.9. Autrement dit, un élément t de la terminologie est considéré comme mot-clé du texte s'il existe une chaîne c telle que :

- c est présent dans le résumé et dans le corps de l'article
- c est une sous chaîne de t
- $\frac{len(c)}{len(t)} \geq \frac{9}{10}$ avec len le nombre de caractères dans c et t

Nous n'avons pas appliqué cette méthode à la seconde piste car la sélection de chaînes de caractères adaptées à l'évaluation était malaisée. Il aurait fallu un grand nombre d'heuristiques pour retrouver des mots-clés comparables à la référence. Nous avons préféré garder la "pureté" de cette méthode. En effet le seul pré-traitement effectué est le découpage en deux segments textuels (résumé et corps). Aucun outillage linguistique (lemmatisation, étiquetage...) n'est nécessaire. Par ailleurs, aucun post-traitement n'est effectué.

3.2 Approche au grain mot

Pour notre seconde approche, nous procédons à un découpage plus classique en mots. Cette méthode est conçue pour fonctionner en l'absence de terminologie de référence. Nous appliquons l'algorithme de détection des $rstr_{max}$ (section : 3.1) mais en l'appliquant cette fois sur des mots.

L'algorithme $rstr_{max}$ est appliqué à tout ce qui est compris entre les balises <article> ce qui correspond au résumé et au corps de l'article. Nous considérons le tout comme une chaîne. Nous obtenons ainsi un ensemble de chaînes de mots répétées et maximales. Un grand nombre de motifs sont détectés dont certains sont partiellement redondants. Par exemple, on a les motif $ABCD$ et $BCDF$ et on souhaite souvent ne garder que la partie centrale BCD. Pour améliorer la précision, nous appliquons donc une seconde fois $rstr_{max}$ sur la liste des chaînes obtenues.

3.2.1 IDF

Pour améliorer la précision de nos résultats, nous voulons réduire encore le nombre de chaînes obtenues. Cependant, il nous faut conserver un rappel correct. Pour ce faire nous avons choisi de calculer l'IDF (Inverse Document Frequency) de chaque chaîne. Cette mesure fait ressortir les chaînes spécifiques à un texte par rapport au corpus. L'IDF est l'inverse de la fréquence de la chaîne dans un ensemble de documents. Cette mesure est généralement couplée avec le TF (term frequency ou effectif du mot dans un document) en Voici comment se calcule le $TF \times IDF$ d'une chaîne C dans un document D [4] :

$$TF \times IDF = \frac{freq(C,D)}{t(D)} \times -\log_2 \frac{nd(C)}{N}$$

Avec :

- freq(C,D) le nombre de fois que la chaîne C apparaît dans le document D
- t(D) le nombre de mots du document D
- nd(C) le nombre de documents contenant C dans le corpus
- N la taille du corpus en documents

Cependant, nous ne conservons que l'IDF. Dans notre cas, il n'était pas nécessaire l'appliquer le TF. En effet, grâce à la méthode $rstr_{max}$, nous obtenons les chaînes maximales répétées, ce qui signifie qu'elles ont déjà une certaine fréquence dans le document. Par ailleurs, le TF a tendance à privilégier les chaînes très fréquentes d'un texte, autrement dit des mots vides peu susceptibles d'être des mots-clés.
Pour calculer l'IDF, nous considérons l'ensemble des articles d'une piste. Cela nous permet de caractériser un article par rapport à une piste. Cela se justifie si nous nous replaçons dans le sémantique textuelle de François Rastier : " le texte pour une linguistique évoluée l'unité *minimale*, et le corpus l'ensemble dans lequel cette unité prend son sens "(Rastier, 2002). Ainsi, un article ne prend son sens que dans le corpus de travail si bien que nous devons caractériser ces chaînes et ces mots-clés par rapport à l'ensemble du corpus. Lorsque nous calculons l'IDF des chaînes nous obtenons des résultats compris entre 0 et 5. Nous classons les chaînes en ordre décroissant de leur IDF. Le but étant de réduire le nombre de chaînes, nous ne conservons que celles dans l'IDF est supérieure à 2.

3.2.2 Pondération des chaînes

L'IDF constitue un premier filtrage par pondération mais ce n'est pas suffisant. Nous procédons donc à un second filtrage par pondération en attribuant un poids aux chaînes restantes en fonction des critères suivants :

- IDF
- fréquence de la chaîne dans l'article
- fréquence de la chaîne dans le résumé
- longueur de la chaîne
- présence de la chaîne dans le premier paragraphe (a priori : introduction
- présence de la chaîne dans la dernier paragraphe (a priori : conclusion)

A chacune de ces mesures est attribué un coefficient qui pondère leur importance. Nous avons effectué des statistiques sur le corpus afin d'anticiper les places occupées par les mots-clés dans les articles. Ainsi, si une chaîne est fréquente dans le résumé, elle a davantage de chance d'être un mot-clé qu'une autre chaîne. Nous attribuons donc un certain poids à ces mesures en fonction de leur capacité à traduire le comportement des mots-clés. Notons que l'absence des titres dans les documents analysés rend difficile la détection des segments introductifs et conclusifs . Les chaînes sont rangées en ordre décroissant de poids et nous sélectionnons les 7 premières chaînes en guise de mots-clés. Ce seuil a été fixé à partir des meilleurs résultats obtenus sur le corpus d'entraînement.

4 Résultats

	Résultat piste 1	Résultat piste 2
Approche 1 : $rstr_{max}$ au grain caractère	**0.44**, 3e/10	⌀
Approche 2 : $rstr_{max}$ au grain mot	0,12	**0,13**, 7e/9
Baseline : tf-idf simple	0,08	0,07

Tableau 2 – Résultats et rangs pour nos 2 approches et notre baseline

La première approche donne de bons résultats en raison de l'appui de la terminologie, bien meilleurs qu'avec l'approche par poids. Sans doute ces résultats auraient pu être améliorés avec quelques heuristiques, par exemple : chercher à affecter chaque mot-clé de la terminologie à au moins un document. Mais nous n'avons pas souhaité complexifier la procédure utilisée.

Concernant la seconde approche, elle aurait sans doute eu de meilleurs résultats sur la piste 1 en s'appuyant sur la terminologie mais nous avons souhaité pour les deux pistes conserver l'aspect 'sans ressources externes".

5 Discussion

Nous avons opté pour des méthodes simples à mettre en place et peu coûteuses en temps, peut être au détriment de la qualité des résultats. La première approche se voulait avant tout indépendante de la langue considérée. Travailler sur le grain caractère permet de dépasser les problèmes de découpage des textes en mots. Toutefois pour se conformer aux modalités d'évaluation, le soutien de la terminologie s'est avéré nécessaire. La seconde approche se voulait indépendante de tout support extérieur. En effet, ne pas utiliser la terminologie permet d'extraire des informations nouvelles à partir d'un document brut.

Nos deux approches ont en commun l'utilisation d'une méthode d'algorithmique du texte : $rstr_{max}$. L'algorithme recherche des chaînes répétées maximales, supposées caractéristiques d'un texte. Nos approches diffèrent par le grain d'analyse : caractère pour l'une, mot pour l'autre.

La première méthode présente l'avantage de la simplicité, elle ne nécessite aucun paramètre mais e base sur la terminologie. La seconde méthode ne nécessite pas de terminologie mais impose des traitements supplémentaires.

Nos deux méthodes présentent par ailleurs l'avantage de détecter facilement des unités multi-mots, souvent plus pertinentes pour des tâches d'indexation documentaire et de recherche d'information.

Enfin, nos deux approches sont indépendantes de tout module d'analyse linguistique (lemmatisation, étiquetage...) ce qui les rend a priori moins sensibles à une utilisation sur d'autres langues que le français. Il serait donc intéressant d'expérimenter ces techniques sur des corpus multilingues.

Références

LEJEUNE, G., BRIXTEL, R., GIGUET, E. et LUCAS, N. (2011). Deft2011 : appariement de résumés et d'articles scientifiques fondé sur les chaînes de caractères. *In Défi Fouille de Textes/TALN 2011*, pages 53–64.

LEJEUNE, G., DOUCET, A., YANGARBER, R. et LUCAS, N. (2010). Filtering news for epidemic surveillance : towards processing more languages with fewer resources. *In 4th Workshop on Cross Lingual Information Access*, pages 3–10.

RASTIER, F. (2002). Enjeux épistémologiques de la linguistique de corpus. *In 2ème journées de la linguistique de corpus*.

UKKONEN, E. (2009). Maximal and minimal representations of gapped and non-gapped motifs of a string. *Theor. Comput. Sci.*, 410(43):4341–4349.

Participation de l'IRISA à DeFT2012 : recherche d'information et apprentissage pour la génération de mots-clés

Vincent Claveau, Christian Raymond
IRISA-CNRS IRISA-INSA
Campus de Beaulieu, 35042 Rennes, France
vincent.claveau@irisa.fr
christian.raymond@irisa.fr

RÉSUMÉ

Dans cet article, nous décrivons notre participation au Défi Fouille de Texte (DeFT) 2012. Ce défi consistait en l'attribution automatique de mots-clés à des articles scientifiques en français, selon deux pistes pour lesquelles nous avons employé des approches différentes. Pour la première piste, une liste de mots-clés était fournie. Nous avons donc abordé ce problème comme une tâche de recherche d'information dans laquelle les mots-clés sont les requêtes. Cette approche a donné d'excellents résultats. Pour la seconde piste, seuls les articles étant fournis, nous avons employé une approche s'appuyant sur un extracteur de terme et une réordonnancement par apprentissage.

ABSTRACT

IRISA participation to DeFT 2012 : information retrieval and machine learning for keyword generation

This paper describes the IRISA participation to the DeFT 2012 text-mining challenge. It consisted in the automatic attribution or generation of keywords to scientific journal articles. Two tasks were proposed which led us to test two different strategies. For the first task, a list of keywords was provided. Based on that, our first strategy is to consider that as an Information Retrieval problem in wich the keyword are the queries, which are attributed to the best ranked documents. This approach yielded very good results. For the second task, only the articles were known; for this task, our approach is chiefly based on a term extraction system whose results are reordered by machine learning.

MOTS-CLÉS : Génération de mots-clés, Extraction de termes, Recherche d'information, *Boosting*, arbres de décision, TermoStat.

KEYWORDS: Keyword generation, Term extraction, Information Retrieval, Boosting, Decision tree, TermoStat.

1 Introduction

Dans cet article, nous décrivons notre participation au Défi Fouille de Texte (DeFT) 2012[1]. Ce défi consistait en l'attribution automatique de mots-clés à des articles scientifiques en français, selon deux pistes pour lesquelles nous avons employé des approches différentes. Pour la première piste, une liste de mots-clés était fournie. Nous avons donc abordé ce problème comme une tâche de recherche d'information dans laquelle les mots-clés sont les requêtes. Cette approche a donné d'excellents résultats. Pour la seconde piste, seuls les articles étant fournis, nous avons employé une approche s'appuyant sur un extracteur de terme et un réordonnancement par apprentissage.

La suite de l'article est structurée en trois parties. Nous décrivons tout d'abord brièvement le système d'extraction de termes et les nécessaires prétraitements que nous avons utilisés pour les deux pistes. La section 3 détaille ensuite l'approche que nous avons adoptée pour la piste 1, et les résultats que nous y avons obtenu. Notre contribution pour la piste 2 est quant à elle présentée dans la section 4. Nous terminons enfin par quelques remarques et conclusions sur le défi et les résultats obtenus.

2 Prétraitements et extraction terminologique

2.1 Pré-traitements

Les articles étaient fournis encodés en UTF8 et formaté sous un format XML structurant l'article en un résumé et en paragraphes. Beaucoup de ces articles portant sur la traduction, la linguistique, ou l'ethnologie, ceux-ci contiennent des exemples, phrases et parfois paragraphes complets en langue autre que le français (anglais, grec, inuktitut...). Ces extraits pouvant fausser les processus suivants, il a été nécessaire de les prétraiter. Dans certains cas, pour les plus longs de ces extraits, ils ont été traduits automatiquement par Google Translate quand cela était possible. Dans les autres cas, ils ont été simplement supprimés. Certaines formules mathématiques, notations particulières ou caractères spéciaux (insécables, puces...) ont été aussi supprimés. Les textes ainsi nettoyés peuvent alors être traités par les étapes décrites ci-après.

2.2 Extraction de termes par TermoStat

Aussi bien pour la piste 1 que la piste 2, nous utilisons un extracteur de termes. Ces outils ont pour but de détecter, extraire et normaliser les termes dans des textes de spécialité. Ces termes sont dits soit simples (composés d'un seul mot-forme) ou complexes (plusieurs mots-formes). Deux approches sont usuellement employées : symbolique ou numérique. L'approche symbolique repose sur des patrons morpho-syntaxiques, et est particulièrement utilisée pour extraire des termes complexes. L'approche numérique se base sur les fréquences d'apparition des termes pour décider s'ils sont particuliers au domaine ou non. Ces deux

[1]Ce travail a été en partie effectué dans le cadre du projet Quaero, financé par l'agence pour l'innovation française OSEO.

approches sont habituellement utilisées en conjonction au sein des outils d'extraction les plus connus, dans un ordre variable selon les outils.

Pour ce défi, nous avons utilisé TermoStat (Drouin, 2003), développé par Patrick Drouin à l'OLST, Université de Montréal. Il est librement accessible à `http://olst.ling.umontreal.ca/~drouinp/termostat_web/`. Il appartient au groupe de techniques enchaînant une extraction basée sur des patrons morpho-syntaxiques et un filtrage numérique. Sa particularité réside dans ce dernier traitement : TermoStat compare les fréquences d'apparition des candidats-termes dans le texte spécialisé avec celles d'un très gros corpus généraliste. Cela lui permet de mettre au jour des usage spécifique au texte étudié, aussi bien pour les termes simples que les termes complexes. Le corpus généraliste français est d'environ 28 500 000 occurrences, correspondant à approximativement 560 000 formes différentes. Il est composé d'articles de journaux portant sur des sujets variés tirés du quotidien français Le Monde et publiés en 2002.

TermoStat fonctionne en trois étapes. Le texte est tout d'abord lemmatisé et étiqueté en parties-du-discours à l'aide TreeTagger (Schmid, 1997). Cette première étape permet ainsi à TermoStat d'appliquer une série d'expressions régulières prédéfinies pour extraire les mots ou les ensembles de mots pouvant être des termes. Voici quelques uns de ces patrons syntaxiques tels que donnés dans la notice de TermoStat :
Nom : *définition, dictionnaire*
Nom + adj : *champ sémantique, définition lexicale*
Nom+ prep + nom : *partie du discours, dictionnaire de langue*
Nom+ prep + nom + adj : *complément de objet direct, principe de compositionalité sémantique*
Nom + part pass : *variation liée, langue écrite*
Nom + adj + prep + nom : *structuration sémantique du lexique, approche sémiotique du langage*
Adj : *lexical, syntagmatique*
Adv : *paradigmatiquement, syntagmatiquement*
Verbe : *désambigüiser, lexicaliser*

La dernière étape calcule un score et sélectionne les candidats-termes extraits avec les patrons à l'étape précédente. C'est ce score qui compare les fréquences dans le texte considéré et dans le corpus généraliste. Plusieurs indices sont implémentés dans TermoStat (spécificité, Loglikelihood, χ^2...). Dans notre cas, cet indice a relativement peu d'importance puisqu'il ne sert qu'à limiter la liste des candidats-termes, l'ordre n'étant pas pris en compte (cf. section 3) ou recalculé (voir section 4 pour les résultats avec l'ordonnacement original de TermoStat et avec réordonnancement).

Outre la capacité à extraire les termes simples, Termostat a l'avantage de gérer les phénomènes de variation simples comme la flexion. Les listes de termes obtenues sont finalement filtrées pour ôter quelques candidats erronés dus à quelques erreurs récurrentes de TreeTagger ou à la présence de mots de langues étrangères qui seraient restés dans les textes.

3 Piste 1 : un problème de recherche d'information

Pour cette première piste, une liste contenant tous les mots-clés des articles à traiter était fournie en plus des articles eux-mêmes. Comme nous l'avons expliqué précédemment, nous avons abordé ce problème d'attribution des mots-clés comme un problème de recherche d'information. Nous décrivons ci-dessous cette approche, et notamment la prise en compte de la morphologie, et les résultats obtenus.

3.1 Principe

Le principe adopté est relativement simple : les mots-clés sont tour à tour considérés comme des requêtes et les articles comme les documents d'une collection. Pour une requête donnée, ces documents sont ordonnés du plus pertinent au moins pertinent à l'aide d'un système de recherche d'information classique qui assigne un score à chaque document. À partir de cet ordonnancement, différentes stratégies peuvent être mises-en-œuvre : le mot-clé considéré peut par exemple être attribué aux n premiers documents retournés, ou à tous les documents obtenant un score supérieur à un certain seuil, ou autre.

Le système de recherche d'information que nous avons implémenté pour cette tâche repose sur des techniques standard du domaine de la RI. Nous avons en particulier utilisé un modèle vectoriel et testé différents types de pondérations. Dans ce type de modèle, chaque document est représenté comme un sac de mots. Les mots outils sont ôtés à l'aide d'un anti-dictionnaire (*stop-list*). Avec une telle représentation, un document contenant la phrase « *le président du parti vote contre la proposition* » sera représenté par { président, parti, proposition, vote }. Il faut noter que la phrase « *le parti du président vote pour la proposition* » obtient la même représentation. Cette déséquencialisation du texte ne permet donc pas de prendre en compte les termes complexes qui permettraient ainsi de distinguer *parti du président* et *président du parti*. Pour les besoins du défi, nous ajoutons donc à cette description classique les termes complexes extraits par TermoStat.

Différentes pondérations utilisées en RI ont été expérimentées. Celles-ci ont toutes pour but de donner plus ou moins d'importance aux termes apparaissant dans les documents selon leur représentativité pour décrire le contenu du document. Cette pondération est un élément essentiel de la qualité des calculs de similarité ; le TF-IDF est l'un des plus anciens (Luhn, 1958; Spärck Jones, 1972). Il est habituellement défini par :

$$w_{TF-IDF}(t,d) = tf(t,d) * \log(N/df(t)) \tag{1}$$

avec tf est le nombre d'occurrence ou la fréquence du terme t dans le document considéré, df sa fréquence documentaire, c'est-à-dire le nombre de documents dans lequel il apparaît, N est le nombre total de documents

Mais le TF-IDF n'est pas le seul choix possible et, de fait, rarement le meilleur (Claveau, 2012). Dans le cadre de ce défi, nous avons principalement utilisé la pondération Okapi-BM25, dont la formule est donnée dans l'équation 2 qui indique le poids du terme t dans le document d ($k_1 = 2$ and $b = 0.75$ sont des constantes, dl la longueur du document, dl_{avg} la longueur moyenne des documents).

$$\begin{aligned} w_{BM25}(t,d) &= TF_{BM25}(t,d) * IDF_{BM25}(t) \\ &= \frac{tf(t,d) * (k_1+1)}{tf(t,d) + k_1 * (1 - b + b * dl(d)/dl_{avg})} * \log \frac{N - df(t) + 0.5}{df(t) + 0.5} \end{aligned} \tag{2}$$

Cette pondération classique peut être interprétée comme une version moderne du TF-IDF.

Il faut noter que les techniques de type LSI, LDA ou vectorisation, permettant d'associer des requêtes et des documents même s'ils n'ont pas de termes en commun sont peu adaptées à notre tâche. En effet, plutôt que de favoriser le rappel, on cherche au contraire à trouver le document contenant la formulation la plus proche de la requête. Pour la même raison, on n'utilise pas de racinisation (*stemming*). Cette technique aveugle de normalisation morphologique est jugée trop agressive pour notre tâche puisqu'elle ne permet plus de distinguer entre *social* et *socialisme* de manière définitive (i.e. quelle que soit la requête). Nous proposons une technique plus fine pour prendre en compte ces variations morphologiques dans la sous-section ci-dessous que s'applique différemment selon la requête

Enfin l'assignation d'un mot-clé peut se faire selon différente stratégie une fois les calculs de RI effectués. Nous en avons testé deux. Dans la première, notée *run1*, nous assignons tous les mots-clés pour lesquels le document est classé premier, sans tenir compte du nombre de mots-clés attendus par article. La deuxième stratégie, notée *run2* dans les résultats ci-dessous, assigne exactement le nombre de mots-clés attendus, en retenant ceux pour lesquels le document considéré est le mieux classé.

3.2 Prise en compte de la variation morphologique

L'approche que nous avons adoptée pour acquérir les variantes morphologiques des mots contenus dans les requêtes s'appuie sur une technique que nous avons développée initialement à des fins terminologiques (Claveau et L'Homme, 2005) puis adaptée au cas de la RI (Moreau *et al.*, 2007). Le principe de cette technique d'acquisition morphologique est relativement simple et s'appuie sur la construction d'analogies. En toute généralité, une analogie peut être représentée formellement par la proposition A : B $\doteq$ C : D, qui signifie « A est à B ce que C est à D » ; c'est-à-dire que le couple A-B est en analogie avec le couple C-D. Son utilisation en morphologie, assez évidente, a déjà fait l'objet de plusieurs travaux (Hathout, 2001; Lepage, 2003) : par exemple, si l'on postule l'analogie *connecteur* : *connecter* $\doteq$ *éditeur* : *éditer* et si l'on sait par ailleurs que *connecteur* et *connecter* partagent un lien morpho-sémantique, on peut alors supposer qu'il en est de même pour *éditeur* et *éditer*.

Le préalable essentiel à l'utilisation effective de l'apprentissage par analogie est la définition de la notion de similarité qui permet de statuer que deux paires de propositions – dans notre cas deux couples de mots – sont en analogie. La notion de similarité que nous utilisons, notée Sim, est simple mais adaptée aux nombreuses autres langues dans lesquelles la flexion et la dérivation sont principalement obtenues par préfixation et suffixation. Intuitivement, Sim vérifie que, pour passer d'un mot m_3 à un mot m_4, les mêmes opérations de préfixation et de suffixation que pour passer de m_1 à m_2 sont nécessaires. Plus formellement, notons $\mathrm{lcss}(X, Y)$ la plus longue sous-chaîne commune à deux chaînes de caractères X et Y (*e.g.* lcss(*installer*, *désinstallation*) = *install*), et $X +_{suf} Y$ (respectivement $+_{pre}$) la concaténation du suffixe (resp., préfixe) Y à X, et $X -_{suf} Y$ (respectivement $-_{pre}$) la soustraction du suffixe (resp., préfixe) Y à X. La mesure de similarité Sim est alors définie de la manière suivante :

$$\mathrm{Sim}(m_1\text{-}m_2,\, m_3\text{-}m_4) = 1 \quad \text{si} \quad \begin{cases} m_1 = \mathrm{lcss}(m_1, m_2) +_{pre} \mathrm{Pre}_1 +_{suf} \mathrm{Suf}_1, \text{ et} \\ m_2 = \mathrm{lcss}(m_1, m_2) +_{pre} \mathrm{Pre}_2 +_{suf} \mathrm{Suf}_2, \text{ et} \\ m_3 = \mathrm{lcss}(m_3, m_4) +_{pre} \mathrm{Pre}_1 +_{suf} \mathrm{Suf}_1, \text{ et} \\ m_4 = \mathrm{lcss}(m_3, m_4) +_{pre} \mathrm{Pre}_2 +_{suf} \mathrm{Suf}_2 \end{cases}$$

Sim(m_1-m_2, m_3-m_4) = 0 sinon

où Pre_i et Suf_i sont des chaînes de caractères quelconques. Si Sim(m_1-m_2, m_3-m_4) = 1, cela signifie que l'analogie $m_1 : m_2 \doteq m_3 : m_4$ est vérifiée et donc on suppose que la relation morpho-sémantique entre m_1 et m_2 est la même qu'entre m_3 et m_4.

Notre processus de détection de variantes morphologiques consiste ainsi à vérifier, au moyen de la mesure Sim, si un couple de mots inconnus est en analogie avec un ou plusieurs exemples de couples connus. En pratique, pour des raisons d'efficacité lors de la recherche d'analogies, plutôt que les couples-exemples, ce sont les opérations de préfixation et suffixation à l'œuvre dans la mesure de similarité Sim qui sont stockées. Ainsi, le couple-exemple *désinstaller* $\leftrightarrow$ *réinstallation* n'est pas stocké en tant que tel, mais on conserve la règle : $m_2 = m_1 -_{pre}$ *dés* $+_{pre}$ *ré* $-_{suf}$ *er* $+_{suf}$ *ation*
Montrer l'analogie *déshydrater* : *réhydratation* $\doteq$ *désinstaller* : *réinstallation* revient alors simplement à tester que *déshydrater* $\leftrightarrow$ *réhydratation* vérifie la règle précédente.

La technique de détection de dérivés morphologiques par analogie présentée ci-avant requiert des exemples de couples de mots morphologiquement liés pour pouvoir fonctionner. Cet aspect supervisé n'est pas adapté à une utilisation en RI où l'on souhaite au contraire une totale autonomie du système. Pour répondre à ce problème, nous remplaçons cette phase de supervision humaine par une technique d'amorçage simple permettant de constituer automatiquement un ensemble de paires de mots pouvant servir d'exemples.

Cette première phase de recherche de couples-exemples se déroule de la façon suivante :

1 – choisir un article au hasard dans la collection ;

2 – constituer tous les couples de mots possibles (issus de l'article) ;

3 – ajouter aux exemples les couples m_1-m_2 tels que lcss(m_1,m_2) $> l$;

4 – retourner en 1.

Dans les expériences rapportées ci-dessous, ces étapes ont été répétées pour tous les documents à traiter.

Cette phase de constitution d'exemples repose donc sur la même hypothèse que précédemment : la dérivation et la flexion se font principalement par des opérations de préfixation et suffixation. Il n'est pas grave lors de cette phase de ne pas repérer des couples de mots morphologiquement liés ; cependant, pour le bon fonctionnement des analogies qui vont en être tirées, il faut éviter de constituer des couples qui ne seraient pas des exemples valides. Dans notre approche simple, deux précautions sont prises. D'une part, la longueur minimale de la sous-chaîne commune l est fixée à un chiffre assez grand (dans nos expériences, $l = 7$ lettres), ce qui réduit le risque de réunir deux mots ne partageant aucun lien. D'autre part, rechercher les variantes morphologiques au sein d'un même document maximise les chances que les deux mots soient issus d'une même thématique et donc d'un vocabulaire cohérent.

Une fois cette première phase accomplie, il nous est maintenant possible de vérifier si un couple de mots inconnus est en analogie avec une paire connue et de déduire ainsi si les deux mots inconnus sont en relation de dérivation ou de flexion. Dans le cadre de notre application, les mots dont on souhaite récupérer les variantes morphologiques sont ceux constituants les requêtes (les mots-clés). Pour ce faire, chaque mot-forme des requêtes est confronté à chaque mot de la collection ; si le couple ainsi formé est en analogie avec un des couples-exemples, il est alors utilisé pour l'extension de la requête. En pratique, pour des questions de rapidité, les règles d'analogies sont utilisées de manière génératives : des mots sont produits à partir du terme de la requête en suivant les opérations de préfixation et suffixation indiquées dans les règles et ils sont conservés s'ils apparaissent dans l'index de la collection. L'apprentissage des règles se faisant hors-ligne, seule la recherche des variantes morphologiques des termes des requêtes dans l'index est faite en ligne ; en pratique, dans les expériences reportées ci-après, cela prend quelques dixièmes de seconde.

Ainsi, pour une requête « *pollution des eaux souterraines* », la requête étendue finalement utilisée dans le SRI sera « *pollution des eaux souterraines polluants dépollution anti-pollution pollutions polluées polluent eau souterraine souterrains souterrain* ». Il est important de noter que, lors de l'extension, seuls les mots directement liés aux termes de la requêtes sont ajoutés ; les mots eux-mêmes liés aux extensions ne sont pas pris en compte. Cette absence volontaire de transitivité doit ainsi éviter de propager des erreurs (*vision* $\rightarrow$ *provision* $\rightarrow$ *provisions* $\rightarrow$ *provisionner* $\rightarrow$ *approvisionner* $\rightarrow$ *approvisionnement*...).

Enfin, comme nous l'avons déjà expliqué, pour cette application, il est important de privilégier la précision. Si le terme présent dans la requête apparaît dans un ou peu de documents, nous n'utilisons pas d'extensions morphologiques. Nous préférons en effet les documents contenants exactement l'expression utilisée comme mot-clé. En revanche, l'extension morphologique est déclenchée dans deux cas opposés. Si le terme n'apparaît dans aucun document, cette extension de requête permet éventuellement de ramener des documents. Et si le terme apparaît dans beaucoup de documents, l'extension permet de privilégier les documents contenant beaucoup plus le terme et ses variantes. Ce déclenchement de l'extension morphologique des requêtes est donc guidé par l'IDF.

3.3 Résultats

Le tableau 1 présente les résultats selon les mesures d'évaluation définies pour le challenge : précision, rappel et f-mesure[2]. Nous y indiquons les résultats obtenus par notre système utilisant Okapi. À des fins de comparaison, les valeurs obtenues avec le même système et différentes pondérations sont également présentées : TF-IDF, LSI (Dumais, 2004), Hellinger (Escoffier, 1978; Domengès et Volle, 1979).

	Précision (%)	Rappel (%)	F-mesure (%)
TF-IDF	73.86	57.36	64.57
Hellinger	76.25	59.78	67.01
LSI	72.79	56.80	63.81
Okapi *run1*	80.36	64.80	71.75
Okapi sans extension morphologique	81.38	57.67	67.50
Okapi liste *run2*	69.03	69.05	69.04

TABLE 1 – Résultats sur la piste 1 de l'approche par recherche d'information

[2] Ces valeurs, calculées par notre propre programme d'évaluation, diffèrent très légèrement de celles obtenues par les organisateurs.

4 Piste 2 : extraction et réordonnancement de termes

4.1 Principe

L'affectation de mots-clés à un article peut être vu comme un problème de classification binaire. Ainsi, à partir d'une liste de mots-clés candidats potentiels, ce problème d'apprentissage se pose sous la forme suivante : on cherche à apprendre quelles sont les caractéristiques qui font qu'un mot ou un syntagme, extrait d'un document, est ou non un mot-clé de ce document. On dispose de données d'apprentissage : pour un document du jeu d'entraînement donné, chaque mot-clé/syntagme candidat est décrit par un ensemble d'attributs et un label informant si ce candidat est un mot-clé (le label est noté 'CLEF' ci-après) ou non dans ce document (le label est alors 'NON_CLEF').

Un algorithme de classification supervisé peut alors être appliqué sur ces données. Pour chaque document de test, l'ensemble des mots-clés ayant le meilleur score au sens de l'algorithme de classification est conservé. La classifieur que nous avons choisi est bonzaiboost (Raymond, 2010) une implémentation de l'algorithme de boosting AdaBoost.MH (Schapire et Singer, 2000) sur des arbres de décision à un niveau (2 feuilles), les résultats soumis ont été obtenus avec 100 tours de boosting sur la tâche 1 comme la tâche 2.

Notre système a utilisé les attributs suivants :

- la liste de mots-clés candidats est fournie pour la tâche 1. Pour la tâche 2, elle a été produite avec l'utilisation de TermoStat et enrichie avec les noms issus des citations de l'article, les mots dont le suffixe est « isme » ainsi que les noms de pays.
- à chaque mot-clé candidat sont attachés les descripteurs suivants :
  - le patron morpho-syntaxique extrait par TreeTagger (Schmid, 1997)
  - la proportion de paragraphes du document dans lesquels il apparaît
  - sa fréquence dans le document complet (TF)
  - sa fréquence dans le résumé
  - sa fréquence okapi dans le document complet (TF_{BM25})
  - sa fréquence okapi dans le résumé
  - son score IDF (IDF)
  - son score IDF selon okapi (IDF_{BM25})
  - le score TFIDF des mots composants le syntagme (w_{TFIDF})
  - le score okapi des mots composants le syntagme (w_{BM25})

4.2 Résultats

Les résultats obtenus sur la tâche 1 suivant ce principe obtiennent 0.67 (run 3 de la piste 1) de f-mesure ce qui est moins performant que notre approche basé RI mais nous laisse à la seconde position du classement des participants. Sur la tâche 2, la méthode est appliquée

le patron morpho-syntaxique extrait par TreeTagger	17
la proportion de paragraphes du document dans lesquels il apparait	15
la fréquence dans le document complet	5
la fréquence hors-résumé	3
la fréquence dans le résumé	1
la fréquence okapi dans le document complet	13
la fréquence okapi dans le résumé	4
l'IDF	10
l'IDF okapi	5
le score tf*idf des mots composants le syntagme	10
le score okapi des mots composants le syntagme	17

TABLE 2 – Nombre de sélection de chaque descripteur lors de l'apprentissage.

pour réordonner une liste de mots-clés candidats générée par TermoStat. L'utilisation seule de TermoStat obtient un score 0.1699 (run 2 dans l'evaluation officielle) qui augmente à 0,2087 après ré-ordonnancement (run 1). Ce ré-ordonnancement nous permet de nous classer troisième avec peu d'écart avec le second.

Le modèle obtenu pour la tâche 2 est résumé dans les tableaux 2 et 3. Le premier montre le nombre de sélections de chaque descripteur. Le second montre pour les 30 premiers tours de boosting, le test sélectionné par l'arbre de décision à un niveau ainsi que son vote selon si on tombe dans la feuille gauche (test positif) ou droite (test négatif) de l'arbre.

4.3 Discussion

L'approche par classification supervisée donne des résultats convaincants, à la fois sur la tâche 1 et la tâche 2 avec pourtant un ensemble très succinct de descripteurs et aucunes connaissances extérieures au corpus de documents, mis à part le corpus de référence utilisé par TermoStat. Étant donné la difficulté de la tâche, le phénomène de sur-apprentissage se fait vite ressentir et augmenter le nombre de tour de boosting ou/et la complexité de l'arbre de décision diminue le pouvoir de prédiction du classifieur. Il est probable que cette approche ait un potentiel d'amélioration important avec l'ajout de nouveaux descripteurs et de connaissances extérieures au corpus, notamment dans le cas où les mots-clés ne sont pas présents dans le document.

5 Conclusion

Les approches utilisées par notre équipe pour les deux pistes du défi relèvent de deux stratégies différentes. Toutes deux ont néanmoins la particularité d'être des techniques éprouvées, mais c'est leur conjonction qui fait l'originalité de notre contribution. D'autre part, les bons résultats obtenus valident ce choix, effectué cette année encore, d'opter pour ces techniques simples.

L'approche par RI se révèle très efficace mais ne peut s'appliquer que lorsque les mots-clés

Test binaire	Tour	oui	non
TF_general<1.5	1	NON_CLEF :3.49	NON_CLEF :1.94
tfresumeokapi<0.730454	2	NON_CLEF :0.27	CLEF :0.71
patron_pos="NOM "	3	NON_CLEF :0.10	CLEF :0.54
IDF<0.488632	4	NON_CLEF :0.81	CLEF :0.05
tfokapi<2.13327	5	NON_CLEF :0.11	CLEF :0.35
paragraphe_apparition<0.00311962	6	CLEF :0.93	NON_CLEF :0.04
score_syntagme<15.4967	7	NON_CLEF :0.10	CLEF :0.29
patron_pos="NOM VER :pper "	8	NON_CLEF :3.38	CLEF :0.01
patron_pos="nom NOM "	9	NON_CLEF :0.86	CLEF :0.03
patron_pos="NOM NOM "	10	NON_CLEF :1.89	CLEF :0.01
IDF<1.17607	11	NON_CLEF :0.33	CLEF :0.06
patron_pos="PRP "	12	NON_CLEF :1.21	CLEF :0.01
tfresumeokapi<1.2873	13	NON_CLEF :0.04	CLEF :0.46
tfokapi<1.65131	15	NON_CLEF :0.13	CLEF :0.12
patron_pos="nom ADJ "	16	NON_CLEF :2.86	CLEF :0.00
IDF<0.00355873	17	NON_CLEF :2.81	CLEF :0.00
paragraphe_apparition<0.00137276	18	CLEF :1.04	NON_CLEF :0.01
tfokapi<0.879093	19	NON_CLEF :0.81	CLEF :0.02
tfokapi<0.998128	20	CLEF :0.29	NON_CLEF :0.05
score_syntagme<134.614	21	NON_CLEF :0.01	CLEF :0.52
patron_pos="VER :pper "	22	NON_CLEF :0.69	CLEF :0.01
score_syntagme_okapi<-10.8857	23	CLEF :0.05	NON_CLEF :0.12
score_syntagme<33.7732	24	NON_CLEF :0.03	CLEF :0.22
score_syntagme_okapi<10.7913	25	CLEF :0.01	NON_CLEF :0.49
IDF<3.24816	26	NON_CLEF :0.09	CLEF :0.06
paragraphe_apparition<0.050569	27	NON_CLEF :0.08	CLEF :0.08
IDF_OKAPI<4.5372	29	CLEF :0.05	NON_CLEF :0.10
score_syntagme_okapi<6.53596	30	NON_CLEF :0.02	CLEF :0.19

TABLE 3 – Tests sélectionnés durant les 30 premiers tours de *boosting*. Pour chaque tour, pour les cas où le test est positif ou négatif, est marqué le label pour lequel l'algorithme vote ainsi que le poids donné à ce vote.

possibles sont connus (piste 1). Sauf à supposer que les mots-clés soient nécessairement tirés d'une terminologie fixée (comme par exemple le MeSH pour les articles du domaine biomédical), cette tâche ne présente qu'un intérêt limité. L'évaluation qui en est faite ne permet d'ailleurs pas de juger parfaitement un tel type d'application puisque tous les mots-clés des articles à traiter étaient donnés, mais seuls ceux-là. Chaque mot-clé devait donc être attribué à au moins un article. Il aurait pu être intéressant de noyer ces mots-clés parmi d'autres et d'ainsi évaluer la capacité réelle des méthodes à trouver les bons mots-clés et non simplement à trouver les bons appariements.

Les résultats obtenus sur la piste 2 par l'approche par réordonnacement sont bien sûr moins bons, mais la tâche est évidemment bien plus compliquée. Elle correspond de fait à une application qui semble plus réaliste mais dont l'évaluation est aussi plus difficile. En effet, un mot-clé prédit par le système mais non donné par l'auteur n'est pas pour autant un mauvais mot-clé. Les habitudes d'indexation, le contexte de l'article (autres articles des mêmes auteurs, autres articles de la revue...) mais aussi hasard et parfois des choix discutables influent sur le résultat. Il serait à ce titre intéressant d'étudier l'accord inter-annotateur d'humains ayant pour tâche de produire ces mots-clés.

Références

CLAVEAU, V. (2012). Okapi, Vectorisation et calcul de similarité pour le TAL : pour oublier enfin le TF-IDF. *In Actes de la 19ème conférence Tratement Automatique du Langage Naturel, TALN'12*, Grenoble, France.

CLAVEAU, V. et L'HOMME, M.-C. (2005). Structuring terminology by analogy machine learning. *In Proceedings of the International conference on Terminology and Knowledge Engineering, TKE'05*, Copenhague, Danemark.

DOMENGÈS, D. et VOLLE, M. (1979). Analyse factorielle sphérique : une exploration. *Annales de l'INSEE*, 35:3–83.

DROUIN, P. (2003). Term extraction using non-technical corpora as a point of leverage. *Terminology*, 9(1):99–117.

DUMAIS, S. (2004). Latent semantic analysis. *ARIST Review of Information Science and Technology*, 38(4).

ESCOFFIER, B. (1978). Analyse factorielle et distances répondant au principe d'équivalence distributionnelle. *Revue de statistique appliquée*, 26(4):29–37.

HATHOUT, N. (2001). Analogies morpho-synonimiques. une méthode d'acquisition automatique de liens morphologiques à partir d'un dictionnaire de synonymes. *In Actes de la 8e conférence Traitement Automatique du Langage Naturel, TALN'01*, Tours, France.

LEPAGE, Y. (2003). *De l'analogie ; rendant compte de la communication en linguistique*. Thèse d'habilitation (HDR), Université de Grenoble 1, Grenoble, France.

LUHN, H. P. (1958). The automatic creation of literature abstracts. *IBM Journal on Research and Development*, 2(2).

MOREAU, F., CLAVEAU, V. et SÉBILLOT, P. (2007). Automatic morphological query expansion using analogy-based machine learning. *In Proceedings of the European Conference on Information Retrieval, ECIR'07*, Rome, Italie.

RAYMOND, C. (2010). Bonzaiboost. http ://bonzaiboost.gforge.inria.fr/.

SCHAPIRE, R. E. et SINGER, Y. (2000). BoosTexter : A boosting-based system for text categorization. *Machine Learning*, 39:135–168. `http://www.cs.princeton.edu/~schapire/boostexter.html`.

SCHMID, H. (1997). *New Methods in Language Processing, Studies in Computational Linguistics*, chapitre Probabilistic part-of-speech tagging using decision trees, pages 154–164. UCL Press, London. `http://www.ims.uni-stuttgart.de/projekte/corplex/TreeTagger/`.

SPÄRCK JONES, K. (1972). A statistical interpretation of term specificity and its application in retrieval. *Journal of Documentation*, 28(1).

Participation du LINA à DEFT 2012

Florian Boudin Amir Hazem Nicolas Hernandez Prajol Shrestha
Université de Nantes
prénom.nom@univ-nantes.fr

RÉSUMÉ

Cet article présente la participation de l'équipe TALN du LINA au défi fouille de textes (DEFT) 2012. Développé spécifiquement pour la seconde piste du défi, notre système combine les sorties de trois différentes méthodes d'extraction de mots clés. Notre système s'est classé à la 2ième place sur un total de 9 systèmes avec une f-mesure de 21,3%.

ABSTRACT

LINA at DEFT 2012

This article presents the participation of the TALN group at LINA to the défi fouille de textes (DEFT) 2012. Developed specifically for the second task, our system combines the outputs of three different keyword extraction methods. Our system ranked 2nd out of 9 systems with a f-measure of 21,3%.

MOTS-CLÉS : extraction de mots clés, deft 2012, combinaison de méthodes.

KEYWORDS: keyword extraction, deft 2012, combining methods.

1 Introduction

L'indexation automatique consiste à identifier un ensemble de mots clés (e.g. mots, termes) qui décrit le contenu d'un document. Les mots clés peuvent ensuite être utilisés, entre autres, pour faciliter la recherche d'information ou la navigation dans les collections de documents. L'édition 2012 du défi fouille de textes (DEFT) porte sur l'extraction automatique de mots clés à partir d'articles scientifiques parus dans le domaine des Sciences Humaines et Sociales (SHS).

L'objectif du défi est de retrouver, à partir du contenu des documents (i.e. articles scientifiques), les mots clés qui ont pu être choisis par les auteurs. Deux différentes pistes ont été proposées. La première piste consiste à identifier dans une terminologie, les mots clés qui ont été assignés aux documents. Cette terminologie regroupe l'ensemble des mots clés utilisés dans la collection. La seconde piste, de prime abord plus complexe, consiste à extraire les mots clés directement à partir du contenu des documents. Cet article décrit notre participation à la seconde piste du défi.

Le reste de cet article est organisé comme suit. La section 2 décrit l'ensemble de données utilisé pour la campagne d'évaluation. La section 3 présente les différentes méthodes que nous avons développées spécifiquement pour la seconde piste du défi. Nous décrivons ensuite en section 4 nos résultats expérimentaux avant de présenter les méthodes que nous avons testées et qui

qui ont eu un impact nul ou négatif sur les résultats. La section 6 conclut cet article et donne quelques perspectives de travaux futurs.

2 Description de la campagne DEFT 2012

L'ensemble de documents utilisé pour le défi 2012 est constitué de 234 articles scientifiques parus dans le domaine des SHS. Ces articles ont été publiés entre 2001 et 2008 dans quatre revues différentes. L'ensemble d'apprentissage contient 60% des documents (soit 141 articles), et celui de test contient les 40% restants (soit 93 articles). La répartition des quatre différentes revues dans les deux ensembles est uniforme.

Du point de vue technique, les articles sont au format XML. Ils sont structurés en deux parties : le résumé et le corps de l'article. Chaque article contient également le nombre de mots clés indexant son contenu. Les mots clés assignés à chaque article sont disponibles pour chacun des articles de l'ensemble d'entraînement.

Les systèmes participant au défi sont évalués à l'aide des mesures classiques de précision, rappel et f-mesure. Pour chaque article, les mots clés générés par les systèmes sont comparés aux mots clés de référence (assignés par les auteurs). Afin de limiter les problèmes liés aux différentes variations orthographiques, plusieurs traitements de normalisation (i.e. normalisation de la casse et lemmatisation) sont appliqués au préalable aux mots clés. Chaque participant peut soumettre jusqu'à trois exécutions par piste.

La liste ci-dessous présente quelques unes des difficultés que nous avons identifiées dans les articles de l'ensemble d'entraînement.

- Articles différents ayant le même résumé, e.g. les articles `as_2002_007048ar` et `as_2002_007053ar`.
- Contenu des articles dans des langues différentes et/ou mélangées, e.g. français et anglais dans `ttr_2008_037494ar`, espagnol dans `meta_2005_019927ar`.
- Contenu des articles très bruité avec des problèmes de ponctuation, de caractères unicodes et de segmentation en paragraphes, e.g. ci-dessous un extrait de l'article `meta_2005_019840ar`.

```
<p>Ce langage est au c.ur des préoccupations des juristes, qui
nous rappellent régulièrement</p>
<p>que le droit est affaire de mots. Et cela dans tout l.univers
du droit, vers quelque côté que l.on se</p>
<p>tourne, dans le monde juridique anglophone - où, pour
Mellinkoff (1963&amp;#x00A0;: vii), «&amp;#x00A0;The law is a</p>
<p></p>
<p>dans son ensemble, la technique juridique aboutit, pour la
plus grande part, à une question de</p>
<p>terminologie&amp;#x00A0;». Chacun pourra le vérifier par la
consultation d.ouvrages parmi les plus récents et</p>
```

3 Approches

Les différentes méthodes que nous avons développées utilisent le mot comme unité principale. Nous avons donc appliqué un ensemble commun de pré-traitements aux documents : segmentation en phrases, découpage en mots et étiquetage morpho-syntaxique. L'information structurelle présente dans chacun des documents (i.e. résumé, corps de l'article et paragraphes) est préservée. Chaque paragraphe est segmenté en phrases en utilisant la méthode PUNKT de détection de changement de phrases (Kiss et Strunk, 2006) mise en œuvre dans la boîte à outils NLTK (Bird et Loper, 2004). La tokenisation des phrases est effectuée avec un outil développé en interne utilisant le lexique des formes fléchies du français (lefff)[1] pour l'indentification des unités lexicales complexes (e.g. mots composés). L'étiquetage morpho-syntaxique est obtenu à l'aide du *Stanford POS Tagger* (Toutanova *et al.*, 2003)[2] entrainée sur le *French Treebank* (Abeillé *et al.*, 2003).

3.1 Système 1

Ce système est basé sur du $TF \times IDF$ et trois règles issues du corpus d'apprentissage. La principale question qui se pose ici est : qu'est ce qu'un mot clé ? ou autrement dit, qu'est ce qui fait qu'un terme a plus de chances d'être un mot clé qu'un autre ?

En analysant les documents du corpus d'apprentissage, nous avons relevé trois particularités liées aux mots clés. La première concerne leur localisation dans les documents. Chaque document étant divisé en deux parties qui sont : le résumé (ABSTRACT) et le corps du document (BODY), nous nous sommes donc intéressés à la position des mots clés par rapport à ce découpage. Nous avons pu constater qu'un terme apparaissant à la fois dans le résumé et dans le corps du document avait plus de chances d'être un mot clé. Ainsi, nous avons utilisé cette information comme première règle de notre système (nous appellerons cette règle : R1). Deux stratégies utilisant cette règle ont été adoptées, la première consiste à ne sélectionner que des termes qui apparaissent à la fois dans le résumé et dans le corps du document (nous appellerons cette stratégie : S1), la deuxième consiste à donner la priorité aux termes respectant la stratégie S1 en utilisant une pondération par un paramètre α fixé empiriquement (nous appellerons cette stratégie : S2). Les différents tests conduits ont montré que l'utilisation de la stratégie S1 donnait de meilleurs résultats que l'utilisation de la stratégie S2. Intuitivement, nous aurions tendance à penser le contraire (la stratégie S2 devrait être meilleur que S1), car éliminer des termes n'apparaissant que dans le résumé ou que dans le corps du document nous ferait sans doute perdre des mots clés. L'explication et que la stratégie S1 corrige sans doute les faiblesses de notre système qui renverrait plus de faux positifs que de vrais négatifs.

La deuxième particularité relative aux n-grammes, découle de la question suivante : est ce qu'un terme simple (1-gramme) a plus de chances d'être un mot clé qu'un terme composé (n-grammes avec $n > 1$) ? De part le corpus d'apprentissage nous avons pu constater qu'il y avait 70% de termes simples et 30% de termes composés. Ainsi, nous avons voulu donner une plus grande importance aux termes simples extraits par notre système. De la même manière que pour la stratégie S2, nous avons introduit un paramètre de pondération β afin de prioriser les termes simples (nous appellerons cette règle R2).

[1] `http://www.labri.fr/perso/clement/lefff/`

[2] Nous utilison la version 3.1.0 avec les paramètres par défaut.

La troisième particularité relève de la simple observation que la quasi totalité des mots clés étaient soit des noms, soit des adjectifs. À partir de cette constatation, nous avons introduit une troisième règle (R3) qui filtre les verbes.

3.2 Système 2

Ce système repose sur l'exploitation d'un existant à savoir l'approche KEA (*Keyphrase Extraction Algorithm*) de (Witten *et al.*, 1999). KEA permet d'une part de modéliser les expressions significatives (composées d'un ou plusieurs mots) du contenu de textes à l'aide de textes et d'expressions clés associées et d'autre part d'extraire les expressions clés d'une collection de textes à l'aide d'une modélisation construite *a priori*. L'approche utilise un classifieur bayésien naïf pour calculer un score de probabilité de chaque expression clé candidate. La construction requiert un ensemble d'expressions clés classées positivement pour chaque texte du corpus d'apprentissage. L'extraction se réalise sur un corpus de domaine similaire au domaine du corpus d'apprentissage.

Les phases de modélisation ou d'extraction des expressions clés fonctionnent toutes deux à la suite de deux phases élémentaires : l'extraction de candidats et le calcul de traits descriptifs des candidats. Les candidats s'obtiennent par extraction de n-grammes de taille prédéfinie ne débutant pas et ne finissant pas par un mot outil.

Les traits utilisés pour décrire chaque candidat au sein d'un document sont les suivants : le $TF \times IDF$ (mesure de spécificité du candidat pour le document), la position de la première occurrence (pourcentage du texte précédent l'occurrence), le nombre de mots qui compose le candidat. Les candidats ayant un haut $TF \times IDF$, apparaissant au début d'un texte et comptant le plus de mots sont ainsi considérés comme étant de bons descripteurs du contenu d'un texte.

Les dernières évolutions de KEA permettent d'exploiter des lexiques contrôlés de type thésaurus dans la construction de la modélisation (Medelyan et Witten, 2006).

Nous n'avons pas exploité de ressources extérieures de type lexiques contrôlés dans la construction de notre modélisation. Nous avons utilisé la version 5.0 de l'implémentation de KEA[3] disponible sous licence GNU ; en pratique nous avons utilisé les fonctionnalités d'extraction «libre» présentes dès la version 3.0. Les fonctionnalités développées ultérieurement concernent l'exploitation de lexiques contrôlés. Nos candidats étaient au maximum de taille 5. Nous avons exploité le corpus d'apprentissage fourni pour la seconde piste pour construire notre modélisation. Chaque texte (résumé et corps) a été considéré comme une unité documentaire.

L'approche KEA est facilement portable à différentes langues du fait qu'elle nécessite peu de ressources. En particulier elle ne requiert pas une pré-analyse syntaxique pour sélectionner des candidats. Nous avons néanmoins porté une certaine attention à nos traitements préliminaires et nous avons constaté qu'une pré-segmentation en token mots ainsi que l'utilisation d'une liste multilingue de mots outils augmentaient la qualité de l'extraction des expressions clés lorsque nous évaluions l'approche par validation croisée sur le corpus d'apprentissage. Concernant la liste des mots outils, nous avons fusionné les listes fournies par KEA pour le français, l'anglais et l'espagnol. Nous l'avons complétée des formes des mots outils pouvant subir une élision du *e* final en français (e.g. «*le*» s'est vu complété de la forme «*l'*», de même pour «*lorsque*» avec «*lorsqu'*»...). Ces formes étaient en effet reconnues par notre segmenteur en mots.

[3] `http://www.nzdl.org/Kea`

3.3 Système 3

Ce système est basé sur une approche par classification supervisée. La tâche d'extraction de mots clés est ici considérée comme une tâche de classification binaire. La première étape consiste à générer tous les mots clés candidats à partir du document. Pour ce faire, nous commençons par extraire tous les n-grammes de mots jusqu'à $n = 4$. Des contraintes syntaxiques sont ensuite utilisées pour filtrer les candidats. Ainsi, seuls les n-grammes composés uniquement de noms, d'adjectifs et de mots outils (excepté en premier/dernier mot du n-gramme) sont gardés.

Pour chaque candidat, nous calculons les traits suivants :

- Poids $TF \times IDF$
- Nombre de mots du n-gramme
- Patron syntaxique du n-gramme (e.g. "Nom Adjectif")
- Position relative de la première occurence dans le document
- Section(s) où apparait le n-gramme (résumé, corps ou les deux)
- Nombre de documents de la collection dans lesquels le n-gramme apparait
- Score de saillance dans l'arbre de dépendances de cohésion lexicale du texte (voir ci-dessous)

Nous construisons ce que nous appelons un «arbre de dépendances de cohésion lexicale» selon une approche décrite par Choi à la section 6.3.1. de sa thèse (Choi, 2002). Une dépendance est présupposée exister entre deux phrases consécutives si celles-ci ont des mots en commun ; l'hypothèse est de considérer la seconde phrase comme une élaboration de la première. En pratique, notre algorithme ne reconnaît pas systématiquement une relation de dépendance entre deux phrases consécutives qui partagent des mots en commun. En effet notre algorithme recherche, pour chaque phrase du texte, la phrase la plus haute dans la chaîne de dépendance de la phrase précédente avec laquelle elle partage des mots en commun. L'arbre est construit en prenant le texte dans son ensemble (résumé et corps) préalablement lemmatisé. Un score de saillance est calculé pour chaque phrase en fonction du nombre de ses dépendances (directes et transitives) normalisé par le nombre de dépendances maximal qu'une phrase peut avoir sur le texte donné. Chaque expression candidate hérite alors du score de la phrase où apparait sa première occurence.

Nous utilisons la combinaison par vote de trois algorithmes de classification disponibles dans la boite à outils Weka (Hall *et al.*, 2009) : NaiveBayes, J48 et RandomForest. Les mots-clés candidats sont ensuite triés selon leurs scores de prédiction.

3.4 Combinaison des systèmes

Les trois systèmes que nous avons développés utilisent différentes méthodes pour capturer l'importance d'un mot clé par rapport à un document. Une combinaison des sorties de ces derniers est donc pertinente.

Nous disposons pour chaque document, de trois listes pondérées de mots clés. La méthode la plus simple consisterait à utiliser la somme des scores des trois systèmes. Cependant, les scores calculés par chacun des systèmes ne sont pas directement comparables. À la place du score, nous utilisons pour chaque mot clé candidat, l'inverse de son rang dans la liste ordonnée.

Deux stratégies de combinaison ont été utilisées. La première, COMBI1 consiste à assigner la somme de l'inverse des rangs d'un mot clé dans les listes ordonnées des trois systèmes. Pour la seconde stratégie, COMBI2, nous ne considérons que les mots clés apparaissant dans les sorties des trois systèmes. L'idée est de filtrer les mots clés considérés comme important par seulement un ou deux des trois systèmes.

4 Résultats

Nous présentons dans cette section les résultats officiels de la campagne DEFT 2012. Nous avons soumis trois exécutions pour chacune des deux pistes. Pour la première piste, nous avons simplement utilisé le Système 1 (décrit dans la section 3.1) et filtré les mots clés candidats à l'aide de la terminologie. Le nombre de mots clés retournés est fixé à 7 pour la première exécution et à 6 pour les deux autres. Les trois configurations utilisent la règle R3.

La première exécution utilise la règle R2 ($\beta = 0,6$). La seconde exécution utilise la règle R2 ($\beta = 0,65$). La troisième exécution utilise la règle R1 avec la stratégie S2 ($\alpha = 0,65$) et la règle R2 ($\beta = 0,65$). Pour la seconde piste, nous avons soumis les exécutions de deux combinaisons (COMBI1 et COMBI2) ainsi que du système 3 (décrit dans la section 3.3). Le nombre de mots clés retournés est fixé à 130% du nombre de mots clés de référence pour COMBI1 et COMBI2 et à 110% pour le système 3. Ces nombres permettent d'obtenir les meilleurs résultats sur l'ensemble d'entraînement.

La table 1 présente les résultats de nos trois exécutions pour la première piste. Les résultats obtenus par les trois exécutions sont moins bons que ceux obtenus sur l'ensemble d'entrainement (f-mesure=0,44 pour la première exécution). Nous constatons que la variation du rappel sur les trois exécutions est faible. La chute de la précision pour la troisième exécution s'explique par l'application de la règle R1 qui limite le nombre de candidats possibles.

Système	Précision	Rappel	f-mesure
1	0,3812	0,4004	**0,3906**
2	0,3759	0,3948	0,3851
3	0,3343	0,4097	0,3682

TAB. 1 – Résultats de nos trois exécutions pour la première piste.

La table 2 montre les résultats de nos trois exécutions pour la seconde piste. Nous pouvons voir que la performance de COMBI2 est largement en dessous de COMBI1. Nous avions constaté le phénomène inverse sur les données d'entraînement. Ceci est du au fait que le nombre de mots clés retournés par COMBI2 peut dans certains cas être inférieur au seuil que nous avons fixé. En effet, l'intersection des listes des 100 meilleurs mots clés candidats de chaque système est très restrainte pour quelque uns des documents de l'ensemble de test. Nous constatons que les scores du système 3, ayant obtenu les meilleurs résultats sur l'ensemble d'entraînement parmis nos trois systèmes, sont faibles en comparaison des deux combinaisons. Ce résultat semble indiquer un problème de sur-entraînement et illustre bien l'utilité de la combinaison.

La table 3 présente, pour chacune des deux pistes, le classement des différentes équipes sur la base de la meilleure soumission. Notre soumission est classée au rang 5 sur 10 pour la première

Système	Précision	Rappel	f-mesure
COMBI1	0,1949	0,2355	**0,2133**
COMBI2	0,1788	0,2128	0,1943
Système 3	0,1643	0,1880	0,1753

TAB. 2 – Résultats de nos trois exécutions pour la seconde piste.

piste et au rang 2 sur 9 pour la seconde piste. Les résultats obtenus par l'équipe 16 sont bien au dessus de toutes les autres équipes et montrent qu'une marge de progression importante est possible pour notre système.

Rang	Piste 1	Piste 2
1	Équipe 16 (0,9488)	Équipe 16 (0,5874)
2	Équipe 05 (0,7475)	**Équipe 06 (0,2133)**
3	Équipe 04 (0,4417)	Équipe 05 (0,2087)
4	Équipe 02 (0,3985)	Équipe 02 (0,1921)
5	**Équipe 06 (0,3906)**	Équipe 01 (0,1901)
6	Équipe 01 (0,2737)	Équipe 13 (0,1632)
7	Équipe 13 (0,1378)	Équipe 04 (0,1270)
8	Équipe 17 (0,1079)	Équipe 17 (0,0895)
9	Équipe 03 (0,0857)	Équipe 03 (0,0785)
10	Équipe 18 (0,0428)	-

TAB. 3 – Classement de DEFT 2012 sur la base de la meilleure soumission de chaque équipe pour chacune des deux pistes. Notre classement est indiqué en gras (équipe 06).

5 Ce qui n'a pas marché

Nous décrivons ici les méthodes qui ont eu un impact nul ou négatif sur les résultats.

Traits ayant un impact négatif sur la performance du système 3 : la dispersion d'un mot clé dans le document, mots appartenant à des phrases contenant des citations, noms des auteurs les plus cités dans le document (spécifique aux articles commençant par "as").

Suppression de la redondance : nous avons constaté un niveau de redondance important des mots clés dans les sorties de nos systèmes. Par exemple, les mots clés "jardins collectifs", "jardins" et "collectifs" sont tous les trois présents dans le top 10, ce qui fait baisser le rappel. Plusieurs stratégies ont été expérimentées pour supprimer cette redondance (e.g. suppression d'un *n*-gramme si tous les mots qui le composent sont également présents parmi les 10 meilleurs candidats). Une dégradation des résultats est cependant observée indiquant que la stratégie à adopter est dépendante des documents.

Modèle de pondération à base de graphe : nous avons implémenté l'approche proposée dans (Mihalcea et Tarau, 2004). Il s'agit de représenter chaque document sous la forme d'un graphe de mots connectés par des relations de co-occurrences. Des algorithmes de centralité sont ensuite appliqués pour extraire les mots les plus caractéristiques. Les résultats obtenus par cette méthode sont inférieurs à ceux obtenus à l'aide d'une pondération par la mesure $TF \times IDF$.

6 Conclusions

Nous avons décrit la participation du LINA à DEFT 2012. Notre système est le résultat de la combinaison des sorties de trois différentes méthodes d'extraction de mots clés. Les résultats obtenus par ce dernier sont toujours meilleurs que ceux obtenus par chacune des trois méthodes individuellement. Pour la seconde piste, notre système s'est classé à la 2ième place sur un total de 9 systèmes avec une f-mesure de 21,3%.

La stratégie que nous avons employée pour combiner les sorties des différentes méthodes n'est cependant pas optimale. Nous envisageons d'étendre ce travail en proposant d'autres stratégies comme par exemple l'utilisation d'un meta-classifieur.

Références

ABEILLÉ, A., CLÉMENT, L. et TOUSSENEL, F. (2003). Building a treebank for French. *Treebanks : building and using parsed corpora*, pages 165–188.

BIRD, S. et LOPER, E. (2004). NLTK : The natural language toolkit. *In ACL*, Barcelone, Espagne.

CHOI, F. Y. Y. (2002). *Content-based Text Navigation*. Thèse de doctorat, Department of Computer Science, University of Manchester.

HALL, M., FRANK, E., HOLMES, G., PFAHRINGER, B., REUTEMANN, P. et WITTEN, I. (2009). The weka data mining software : an update. *ACM SIGKDD Explorations Newsletter*, 11(1):10–18.

KISS, T. et STRUNK, J. (2006). Unsupervised multilingual sentence boundary detection. *Computational Linguistics*, 32(4):485–525.

MEDELYAN, O. et WITTEN, I. H. (2006). Thesaurus based automatic keyphrase indexing. *In Proceedings of the 6th ACM/IEEE-CS joint conference on Digital libraries*, JCDL '06, pages 296–297, New York, NY, USA. ACM.

MIHALCEA, R. et TARAU, P. (2004). Textrank : Bringing order into texts. *In* LIN, D. et WU, D., éditeurs : *Proceedings of EMNLP 2004*, pages 404–411, Barcelona, Spain. Association for Computational Linguistics.

TOUTANOVA, K., KLEIN, D., MANNING, C. et SINGER, Y. (2003). Feature-rich part-of-speech tagging with a cyclic dependency network. *In Proceedings of the 3rd Conference of the North American Chapter of the ACL (NAACL 2003)*, pages 173–180. Association for Computational Linguistics.

WITTEN, I. H., PAYNTER, G. W., FRANK, E., GUTWIN, C. et NEVILL-MANNING, C. G. (1999). Kea : Practical automatic keyphrase extraction. *CoRR*, cs.DL/9902007.

Algorithme automatique non supervisé pour le Deft 2012

Murat Ahat [1] Coralie Petermann [1, 2] Yann Vigile Hoareau [3] Soufian Ben Amor [1] Marc Bui [2]

(1) Prism, Université de Versailles Saint-Quentin-en-Yvelines, 35 avenue des Etats-Unis, F-78035 Versailles.

(2) LaISC, Ecole Pratique des Hautes Etudes, 41 rue Gay-Lussac, F-75005 Paris.

(3) CHArt, 41 rue Gay-Lussac, F-75005 Paris.

murat.ahat@prism.uvsq.fr, coralie.petermann@laisc.net, hoareau@lutin-userlab.fr, soufian.ben-amor@uvsq.fr, marc.bui@ephe.sorbonne.fr

RÉSUMÉ

Nous décrivons l'approche mise en oeuvre dans le cadre du Défi de Fouille de Texte 2012 pour la piste 1 qui consistait à identifier, pour un article scientifique et son résumé donnés, la liste des mots clés qui lui correspondent parmi un ensemble de mot clés possibles. Cette approche est basée sur le couplage entre les méthodes d'espaces sémantiques pour la représentation des connaissances sémantiques d'une part, et les graphes pour la décision sur l'affectation d'un mot clé à un article, d'autre part. La méthode proposée est entièrement automatique, sans phase de paramétrage, non-supervisée et ne nécessite aucune ressource externe.

ABSTRACT

Automatic unsupervised algorithm for Deft 2012

We describe our approach in Deft 2012 for track 1, which consist in identifying a corresponding list of key word, for a given scientific paper and summary, from a set of possible key words. The approach is based on the one hand, semantic space for the representation of semantic knowledge, and, on the other hand, graphs for the decision on the allocation of a key word to a document. The proposed method is fully automatic, without any particular tuning, unsupervised and requires no external resources.

MOTS-CLÉS : Espace sémantique, Graphe, Random Indexing.

KEYWORDS: Semantic Space, Graph, Random Indexing.

1 Introduction

Dans cette édition 2012 du Défi Fouille de Texte, nous avons appliqué notre méthode déjà présentée lors du Deft 2011 (Hoareau *et al.*, 2011b), qui consiste à mixer deux méthodes de représentation des connaissances : les espaces sémantiques qui sont des espaces vectoriels à grandes dimensions et les modèles de graphes. L'intérêt du couplage des deux approches est de bénéficier d'une part des propriétés d'apprentissage non-supervisé ainsi que des propriétés sémantiques latentes associés aux espaces sémantiques et, d'autre part de la sophistication des mathématiques sous-jacentes à la théorie des graphes.Pour ce faire, la première contrainte à respecter est de produire un graphe ayant les mêmes propriétés que l'espace sémantique en ce qui concerne la représentation des relations sémantiques latentes entre les mots ou les documents (Louwerse *et al.*, 2006). Cette contrainte satisfaite, des applications peuvent alors être réalisées directement à partir du graphe. Un exemple d'application de cette approche mixte est celui de la visualisation des relations sémantiques latentes entre documents au sein de grandes bases de données textuelles (Hoareau *et al.*, 2011a).

L'an passé, le challenge consistait à associer un article à son résumé. Dans la suite de cet article, nous allons voir si cette année, toujours sans paramétrage ni apprentissage, notre méthode produit d'aussi bon résultats pour la tâche 1 qui consiste à apparier un article et son résumé à une liste de mots clés. Cette méthode a été instanciée de telle sorte à représenter la relation sémantique entre chaque mot clé et chaque couple article/résumé dans un graphe construit à partir d'un espace sémantique, puis à utiliser ce graphe complet pour associer à chaque article un ou plusieurs mot clé.

L'article est organisé de la façon suivante. Dans la première section nous décrivons le cadre théorique de notre algorithme en présentant les espaces sémantiques et les algorithmes de création de tels espaces à partir d'un quelconque contenu, ainsi que les bases de la théorie des graphes nécessaires à notre approche, afin de représenter les documents sous la forme d'un graphe ayant les mêmes propriétés que l'espace sémantique construit. Dans la deuxième section, nous décrivons notre algorithme. Dans le troisième section, nous présentons brièvement les résultats de notre approche et les comparons avec les résultats obtenus l'an passé. Enfin, nous concluons l'article en présentant les perspectives de recherche qui pourraient prolonger le présent travail.

2 Cadre théorique

2.1 Les espaces sémantiques

La théorie des espaces sémantiques est un ensemble de méthodes algébriques permettant de représenter des documents de tout type selon leur contenu. Plusieurs méthodes permettent de modéliser des espaces sémantiques. Elles admettent toutes l'hypothèse distributionnelle suivante : les mots ayant un sens proche apparaissent dans des documents similaires. Mais toutes reposent sur la sémantique vectorielle : les corpus sont analysés et modélisés sous forme de vecteurs à grandes dimensions, rassemblés dans une matrice de co-occurences. Cette matrice peut être construite de deux manières selon les algorithmes :

- matrice mots-documents, utilisée par exemple dans LSA et RI, qui compte le nombre d'occur-

rences de chaque mot dans chaque document
- matrice mots-mots, utilisée par HAL, qui regroupe les probabilités de co-occurences pour chaque groupe de mots

Etant donnée une représentation vectorielle d'un corpus de documents, on peut introduire une notion d'espace vectoriel permettant de mettre en place la notion mathématique de proximité entre documents. En introduisant des mesures de similarité adaptées, on peut quantifier la proximité sémantique entre différents documents. Les mesures de similarité sont choisies en fonction de l'application.

Une mesure très utilisée est la similarité cosinus, qui consiste à quantifier la similarité entre deux documents en calculant le cosinus de l'angle entre leurs vecteurs. Ainsi, un cosinus nul, signe de l'orthogonalité des deux vecteurs, indiquera que ces 2 documents n'ont aucun mot en commun. L'avantage de cette méthode est que la longueur des documents n'influe en rien le résultat obtenu.

Une autre mesure possible est la distance de Manhattan (appelée aussi city-block), qui elle, prend en compte la longueur des documents comparés.

2.2 Random Indexing

Random Indexing (Kanerva *et al.*, 2000) est un modèle d'espace sémantique basé sur des projections aléatoires.

La méthode de construction d'un espace sémantique avec RI est la suivante :
- Créer une matrice A ($d \times N$), contenant des *vecteurs-index*, où d est le nombre de documents ou de contextes correspondant au corpus et N, le nombre de dimensions ($N > 1000$) défini par l'expérimentateur. Les vecteurs-index sont creux et aléatoirement générés. Ils consistent en un petit nombre de (+1) et de (-1) et de centaines de 0 ;
- Créer une matrice B ($M \times N$) contenant les *vecteurs-termes*, où M est le nombre de termes différents dans le corpus. Pour commencer la compilation de l'espace, les valeurs des cellules doivent être initialisées à 0 ;
- Parcourir chaque document du corpus. Chaque fois qu'un terme τ apparaît dans un document d, il faut *accumuler* le vecteur-index correspondant au document d au vecteur-terme correspondant au terme τ.

À la fin du processus, les vecteurs-termes qui sont apparus dans des contextes (ou documents) similaires, auront accumulé des vecteurs-index similaires.

Cette méthode a démontré des performances comparables (Kanerva *et al.*, 2000) et parfois même supérieures (Karlgren et Sahlgren, 2001) à celles de LSA pour le test de synonymie du TOEFL (Landauer et Dumais, 1997). *RI* a été aussi appliqué à la catégorisation d'opinion (Sahlgren et Cöster, 2004).

2.3 Théorie des graphes

La théorie des graphes est une théorie informatique et mathématique. Cette théorie est largement utilisée dans tous les domaines liés à la notion de réseau (réseau social, réseau informatique, télécommunications, etc.) et dans bien d'autres domaines (génétique, transports...).

Un graphe $G = (V,A)$ est une paire composée de (Berge, 1970) :

1. un ensemble $V = \{x_1, x_2, ..., x_n\}$ appelé *sommets* (en référence aux polyèdres) ou *noeuds* (en référence à la loi des noeuds).
2. une famille $A = (a_1, a_2, ..., a_n)$ d'éléments du produit Cartésien $V \times V = \{(x, y)/x \in V, y \in V\}$ appelés *arcs* (cas d'un graphe orienté) ou arêtes (cas d'un graphe non orienté).

En général, on note n le nombre de noeuds (aussi noté $|V(G)|$) et m le nombre d'arcs (aussi noté $|A(G)|$).

Un chemin P est composé de k arcs tels que $P = (a_1, a_2, ..., a_i, ..., a_k)$ où pour chaque arc a_i, la fin coïncide avec le début de a_{i+1}. Une chaine est l'équivalent d'un chemin dans le cadre non orienté.

Un graphe est simple si au plus une arête relie deux sommets et s'il n'y a pas de boucle sur un sommet. Dans les cas où une arête relie un sommet à lui-même (une boucle), ou plusieurs arêtes relient deux mêmes sommets, on appelle ces graphes des multigraphes.

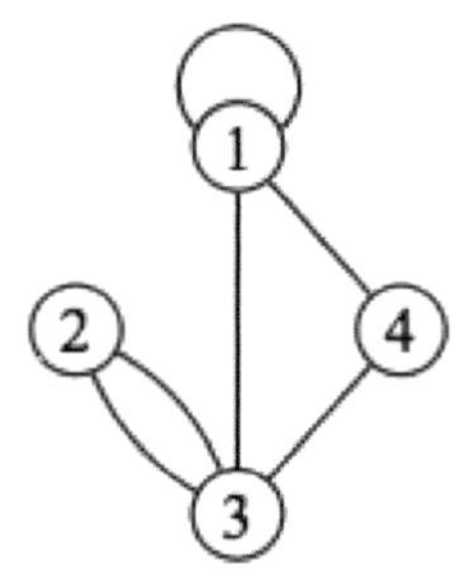

FIGURE 1 – Multigraphe.

Un graphe est biparti si ses sommets peuvent être divisés en deux ensembles X et Y , de sorte que toutes les arêtes du graphe relient un sommet dans X à un sommet dans Y (dans l'exemple ci-dessous, on a X = 1,3,5 et Y = 2,4).

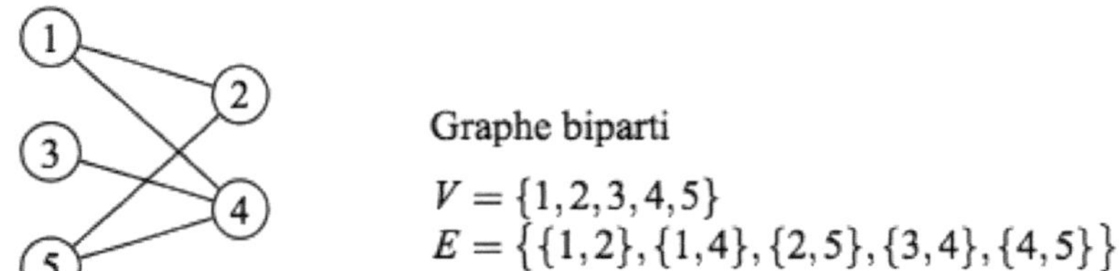

FIGURE 2 – Graphe biparti.

Dans notre méthode, nous utiliserons des graphes simples bipartis, afin d'associer chaque article à une liste de mots clés. Dans la section suivante, nous présentons notre algorithme en détails.

3 Notre algorithme

Cette section décrit le processus de construction (i) d'un graphe complet représentant les propriétés sémantiques d'un espace sémantique, puis (ii) d'un graphe biparti à partir d'un espace sémantique.

Notre méthode débute par une étape de prétraitements qui consiste à supprimer les mots vides de sens tels que les conjonction de coordination, articles indéfini, pronoms...

Le procédé consiste ensuite à générer notre espace sémantique à l'aide de la méthode RI puis à calculer la distance euclidienne pondérée entre chaque document et chaque mots clés de l'espace sémantique afin de construire un graphe biparti complet. L'intérêt de cette méthode très simple est de générer automatiquement un graphe biparti et de permettre ainsi d'y appliquer les méthodes issues de la théorie des graphes (Hoareau *et al.*, 2011a).

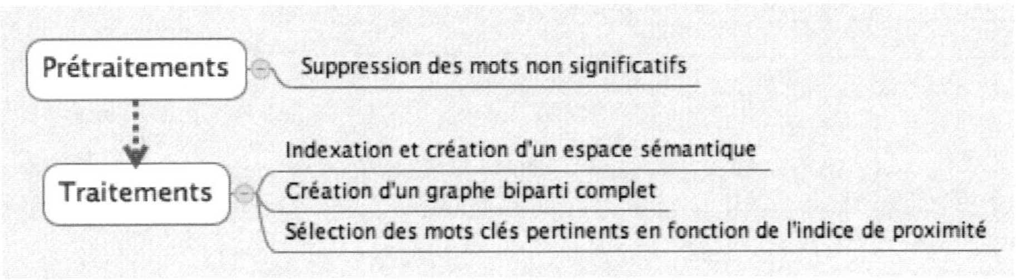

FIGURE 3 – Notre algorithme.

L'algorithme décrit ci-après a pour objectif de construire un graphe biparti à partir d'un espace sémantique. Il prend en entrée un ensemble d'articles . Une matrice m "article – mots clés" est construite. Cette matrice contient dans chaque cellule $m_{i,j}$, la valeur de la distance euclidienne pondérée entre les vecteurs de l'article i et du mots clés j. À partir de cette matrice, un graphe biparti complet g est produit. Un processus de filtre est appliqué à ce graphe afin de produire un graphe biparti où à un article est connecté à ces mots clés.

```
Procedure main()
 Var
   A as Article Set;
   K as Kew word Set;
   N as number of articles;
   M as number of keywords;
   m as Matrix Article Key word;
   g as graph (article --> key word);

 Begin
   spaceSemantic = RandomIndexing(A)

   For (i:=1 to N)
     artVector = spaceSemantic(A[i]);
```

```
      For (j:=1 to M)
        keyVector = spaceSemantic(R[j]);
        m[i,j] = cosine(artVector, resVector);
      End For; //j
    End For; //i

    g = createGraph(m);
  End Procedure //main()


Procedure createGraph(m);
  Var
    m as Matrix Article Key word;
    g as graph (article --> key word);
    knumList as number of keywords for articles;
  Begin
    g = emptyGraph();
    For (i:= 1 to N)
      templist = Max(m[i,:],knumbList);
      g.add(i,templist);
    End
    Return g;
  End Procedure //createGraph()
```

4 Résultats et discussion

Pour le défi Deft 2012, nous avons soumis deux groupes de résultats, obtenus à l'aide de deux espaces sémantiques différents. Le premier est créé à partir des documents de test et d'apprentissage, alors que le second est créé uniquement à partir des documents de test. La librairie utilisée implémentant random indexing est semantic vectors, et la dimension des vecteurs a été paramétrée à 2048 avec un cycle d'entrainement. Même si notre algorithme nous a fourni de bons résultats pour Deft 2011 en nous hissant sur la première place ex aequo du podium (Hoareau *et al.*, 2011b), les résultats obtenus cette année ne sont pas satisfaisants (voir le tableau suivant).

Run	Précision	Rappel	F-score
1	0,0428	0,0428	0,0428
2	0,0242	0,0242	0,0242

TABLE 1 – Scores pour les tâches d'appariement du DEFT 2012

Nous avons tenté en vain d'améliorer nos résultats avec des paramétrages différents des espaces sémantiques pour tester des dimensions jusqu'à 6000 et jusque 5 cycle d'entrainement. Nous assumons alors que la méthode de random indexing peut être une des causes de cet échec. Nous poursuivons donc nos recherches sur ce sujet, en testant diverses méthodes de constructions d'espaces sémantiques et divers outils concernant les espaces sémantiques.

5 Conclusion et perspectives

La méthode proposée dans le cadre de notre participation au Deft repose sur le couplage entre les espaces sémantiques et les graphes. Le faible nombre de documents disponibles pour l'apprentissage constituait une contrainte forte pour notre méthode entièrement basée sur une approche distributionnelle. En 2011, nous avions obtenu de bons résultats mais la tâche du Deft 2012 a montré les limites de notre méthode.

De prochaines expériences seront réalisées afin de comparer notre méthode, et améliorer son paramétrage.

Références

BERGE, C. (1970). *Graphes et Hypergraphes*. Dunod, Paris.

HOAREAU, Y. V., AHAT, M., MEDERNACH, D. et BUI, M. (2011a). Un outil de navigation dans un espace sémantique. *In* KHENCHAF, A. et PONCELET, P., éditeurs : *Extraction et gestion des connaissances (EGC'2011)*, volume RNTI-E-20 de *Revue des Nouvelles Technologies de l'Information*, pages 275–278. Hermann-Éditions.

HOAREAU, Y. V., AHAT, M., PETERMANN, C. et BUI., M. (2011b). Couplage d'espaces sémantiques et de graphes pour le deft 2011 : une approche automatique non supervisée. *In DÉfi Fouille de Textes (DEFT 2011)*, Montpellier, France.

KANERVA, P., KRISTOFERSON, J. et HOLST, A. (2000). Random Indexing of Text Samples for Latent Semantic Analysis. *In* GLEITMAN, L. et JOSH, A., éditeurs : *Proceedings of the 22nd Annual Conference of the Cognitive Science Society*, Mahwah. Lawrence Erlbaum Associates.

KARLGREN, J. et SAHLGREN, M. (2001). From Words to Understanding. *In* UESAKA, Y., KANERVA, P. et ASOH, H., éditeurs : *Foundations of Real-World Intelligence*. CSLI Publications, Stanford.

LANDAUER, T. et DUMAIS, S. (1997). A Solution to Plato's Problem : The Latent Semantic Analysis Theory of Acquisition, Induction and Representation of Knowledge. *Psychological Review*, 104(2):211–240.

LOUWERSE, M., CAI, Z., HU, X., VENTURA, M. et JEUNIAUX, P. (2006). Cognitively inspired natural-language based knowledge representations : Further explorations of latent semantic analysis. *International Journal of Artificial Intelligence Tools*, 15:1021–1039.

SAHLGREN, M. et CÖSTER, R. (2004). Using bag-of-concepts to improve the performance of support vector machines in text categorization. *In COLING '04 : Proceedings of the 20th international conference on Computational Linguistics*, page 487, Morristown, NJ, USA. Association for Computational Linguistics.

Enrichir et raisonner sur des espaces sémantiques pour l'attribution de mots-clés

Adil El Ghali[1, 2] Daniel Hromada[1] Kaoutar El Ghali
(1) LUTIN UserLab, 30, avenue Corentin Cariou, 75930 Paris cedex 19
(2) IBM CAS France, 9 rue de Verdun, 94253 Gentilly
elghali@lutin-userlab.fr

RÉSUMÉ

Cet article présent le système hybride et multi-modulaire d'extraction des mots-clés à partir de corpus des articles scientifiques. Il s'agit d'un système multi-modulaire car intègre en soi les traitements 1) morphosyntaxiques (lemmatization et chunking) 2) sémantiques (Reflective Random Indexing) ainsi que 3) pragmatiques (modélisés par les règles de production). On parle aussi d'un système hybride car il était utilisé -sans modification majeure- pour trouver des solutions aux toutes les deux pistes du DEFT 2012. Pour la Piste 1 - où une terminologie était fournie - nous obtînmes le F-score de 0.9488 ; pour la Piste 2 – où aucune liste des mots clés candidates n'était pas fourni au préalable – le F-score obtenu est 0.5874.

ABSTRACT

Enriching and reasoning on semantic spaces for keyword extraction

This article presents a multi-modular hybrid system for extraction of keywords from corpus of scientific articles. System is multi-modular because it integrates components executing transformations on 1) morphosyntactic level (lemmatization and chunking) 2) semantic level (Reflected Random Indexing), as well as upon more 3) « pragmatic » aspects of processed documents, modeled by production rules. The system is hybrid because it was able to address both tracks of DEFT2012 competition – a «reduced search-space» scenario of Track 1, whose objective was to map the content of a scientific article upon one among the members of a « terminological list » ; as well as more « real-life » scenario of Track2 within which no list was associated to documents contained in the corpus. In both Tracks, the system hereby presented has obtained the an F-score of 0.9488 for the Track1, and 0.5874 for the Track2.

MOTS-CLÉS : Extraction de mots-clés, Espaces sémantiques, RRI, Réseau bayésien, Règles de production, Chunking.

KEYWORDS: Keyword extraction, Semantic spaces, RRI, Bayesian Network, Production Rules, Chunking.

1 Introduction

L'édition 2012 du défi fouille de textes (DEFT) a pour thème l'identification automatique des mots-clés indexant le contenu d'articles publiés dans des revues scientifiques. Deux pistes ont été proposées : dans la première (Piste 1) la terminologie des mots-clés est fournie, alors que dans la deuxième (Piste 2) l'attribution des mots-clés devait se faire sans terminologie.

Pour la réalisation de cette tâche nous avons décidé, dans la continuité de ce que nous avions réalisé en 2011 (El Ghali, 2011), de représenter le sens des termes et des documents du corpus dans des espaces sémantiques utilisant la variante *Reflective Random Indexing* (RRI). Le choix de RRI une variante de *Random Indexing* (RI) (Sahlgren, 2006) est motivé par les bonnes propriétés de cette méthode, héritées de RI et qui sont largement décrites dans la littérature (Cohen *et al.*, 2010a). Mais une de ces propriétés moins connue et commentée s'est révélée particulièrement pertinente pour le problème posé dans le cadre de cette édition du DEFT, à savoir l'uniformité de l'espace sémantique : en effet, les vecteurs construits par RRI pour représenter les documents et les termes du corpus sont « comparables ».

Dans la méthode que nous avons développé pour cette édition du DEFT, nous avons voulu répondre à deux questions principales :

1. quel serait l'apport d'un pré-traitement linguistique de surface aux espaces sémantiques ? et en quoi pourrait-on comparer ces pré-traitements aux méthodes de constructions d'espaces sémantiques permettant de capturer des éléments de structure ?
2. peut-on améliorer les méthodes de *scoring* développées dans les précédentes éditions du DEFT en utilisant les dernières avancées en Intelligence artificielle, notamment le raisonnement à base de règles et les graphes probabilistes, encodant respectivement des règles générales sur le choix des mots-clés et des informations incertaines issues du corpus d'apprentissage ?

La première question s'imposait naturellement du fait qu'une grande partie des mots-clés qui ont été fournis pour la Piste 1 sont en fait des groupes de mots et que leurs catégories morphosyntaxiques et grammaticales respectait des règles assez simples. Pour pouvoir traiter les mots-clés composés de plusieurs mots, certaines méthodes de représentation de textes en espaces sémantiques telles que BEAGLE (Jones et Mewhort, 2007), PSI (Cohen *et al.*, 2009), ou encore RRI avec des indexes positionnels (Widdows et Cohen, 2010), permettent d'encoder les informations sur l'ordre des mots. La deuxième question est née du fait que l'on disposait d'informations de nature différentes qui pouvait aider à attribuer correctement des mots-clés : sur la sémantique, sur la distribution des mots-clés, sur la structure, sur les revues dont sont issues les articles ... Ces informations pouvaient être difficilement encodées dans un seul formalisme de décision. Nous avons donc décidé de définir une procédure de décision pour l'attribution de mots-clés qui combine des règles symboliques avec des réseaux bayésiens, avec les *Règles de production Probabilistes* (Aït-Kaci et Bonnard, 2011).

Nous avons fait le choix d'aborder les deux pistes du défi de cette année de manière sensiblement identique, les mêmes méthodes ont été utilisées pour les deux pistes. Pour ce faire, nous avons construit une terminologie pour la Piste 2. Cette terminologie est une liste de mots-clés candidats établie en utilisant un espace sémantique et un pré-traitement linguistique de surface.

L'article est organisé comme suit : nous commençons par présenter dans la section 2 une analyse du corpus et des informations qui peuvent en être extraite et qui sont utiles pour la tâche d'attribution de mots-clés. Ensuite, dans la section 3, nous rappelons brièvement le principe de fonctionnement de RRI, puis nous décrivons comment incorporer les informations issue du pré-traitement linguistique dans les espaces sémantiques, mais aussi comment la liste des candidats mots-clés pour la Piste 2 est construite. Dans la section 4 nous présentons le principe de fonctionnement de la procédure de décision pour l'attribution des mots-clés. Enfin, dans la section 5 nous détaillons les caractéristiques de chacune des exécutions et discutons les résultats avant de conclure.

2 Le Corpus

2.1 Statistiques générales de corpus d'apprentissage

2.1.1 Piste 1

Pour la Piste 1, il y a 140 documents dans le corpus d'apprentissage. Les documents proviennent de 4 revues différentes, l'identificateur de la revue étant encodé dans le nom du fichier XML contenant l'article.

La liste terminologique – i.e. la liste contenant tous les termes uniques choisies comme un mot clé pour un document dans le corpus - associée au corpus d'apprentissage contient $T_{appr} = 666$ termes uniques.

Les nombres des mots-clés associés sont fournis pour chaque document du corpus d'apprentissage aussi bien que du corpus de test. En somme, $\Sigma_i N_{appr_i} = 754$. En moyenne, chaque article de corpus d'apprentissage a :

$\mathsf{mean}(N_{appr}) = 5.386$; $\mathsf{median}(N_{appr}) = 5$; $\mathsf{min}(N_{appr}) = 1$; $\mathsf{max}(N_{appr}) = 13$; $\mathsf{sd}(N_{appr}) = 1.344$

Etant donné que $\Sigma_i N_{appr_i} > T_{appr}$, il est évident qu'il y a des termes qui sont définis comme mots clés pour plusieurs articles. Le principe de bijection 1 terme – 1 article n'est pas donc applicable. Plus précisément, pour le corpus d'apprentissage, 604 mots clés sont associés à un seul article, 46 en sont associés à deux, 10 à trois, quatre mots clés (i.e. « identité », « interprétation », « enseignement de la traduction », « traduction ») sont chacun associés à quatre articles, tandis que le terme « humanitaire » est défini comme mot clé pour cinq articles et le terme « mondialisation » pour sept articles.

On note aussi que parmi 62 termes qui sont associés à plus qu'un article, seulement 26 (i.e. 41,9%) sont associés aux articles appartenants à plus qu'une revue.

Les analyses fréquentielles préliminaires montrent aussi que dans 141 parmi 740 cas, le mot clé ne se trouve pas dans le corps ni résumé d'article auquel il est associé. En d'autres termes, pour plus que 19% des mots clés, la fréquence de leur occurrence dans l'article est zéro, c'est donc plus qu'évident qu'il faut aller au-delà des fréquences « brutes » si on veut que notre système d'extraction des mots clés ait la précision > 80% (la Figure 1 montre les fréquences d'occurrence des mots-clés dans les documents associés).

L'objectif de la Piste 1 est donc de concevoir le système qui, partant de fichiers de corpus d'apprentissage contenant $D_{appr} * T_{appr} = 140 * 666 = 93240$ couplages (document, terme) serait capable à déterminer les couples ayant été établis par les auteurs de leurs documents.

2.1.2 Piste 2

Le corpus d'apprentissage contient 142 documents. Contrairement à la Piste 1, aucune liste terminologique n'est fournie, l'espace de recherche dans lequel on cherche les candidats censé d'être les mots clés est donc beaucoup plus grande. Mais les quantité des mots clés associés au différents articles sont présents. Grâce à ces quantités fournis dans la balise `<nombre>` des documents XML, on sait sans regarder au fichier de référence que la distribution de $\Sigma_i N_{appr_i} = 763$

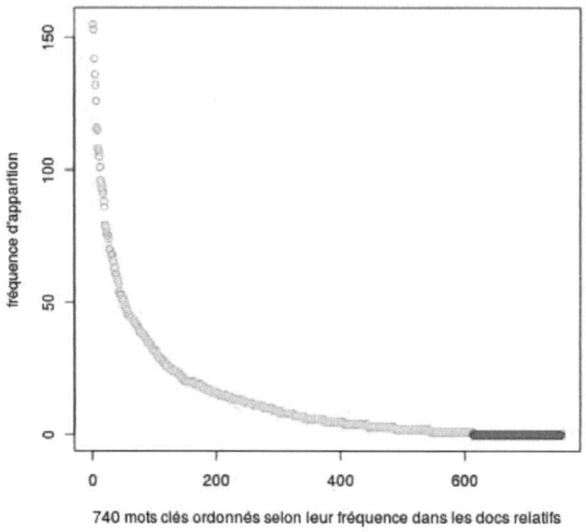

FIGURE 1 – Cca 19% (en rouge) des mots clés de corpus d'apprentissage ne figurent pas dans les documents auxquels ils sont attribués

associations entre mots clés et articles dispose de propriétés suivantes :

$\mathrm{mean}(N_{appr}) = 5.411; \mathrm{median}(N_{appr}) = 5; \mathrm{min}(N_{appr}) = 3; \mathrm{max}(N_{appr}) = 13; \mathrm{sd}(N_{appr}) = 1.404.$

L'analyse de fichier de référence révèle que parmi 681 termes qui couvrent l'ensemble de tous les mots clés du corpus d'apprentissage de piste2 , 627 en sont associés à un seul article, 37 à deux, 12 à trois, deux termes à (« humanitaire » et « didactique ») à quatre articles, les termes « identité » et « culture » étant associé à cinq articles et le terme « traduction » à huit documents. Étant donné que l'information concernant l'appartenance d'un article à une revue est présente, on sait aussi que parmi 54 termes associés à plus qu'un article, seulement 18 (i.e. 33.3%) sont associés à plus qu'une revue.

L'analyse des fréquences de mots clés dans les articles associés donne les résultats qui vont dans le même sens que ceux de la Piste 1 : dans 145 cas (19%), les mots clés n'apparaîssent pas dans l'article auquel ils étaient associés !

2.2 Statistiques générales du corpus de test

2.2.1 Piste 1

Le corpus de test de la Piste 1 contient $D_{test} = 94$ documents dans . La liste terminologique du corpus de test contient 478 termes uniques. Parmi ces 478 termes-candidats, 435 en sont associés avec un seul document, 34 aux deux documents différentes, quatre termes sont associés aux trois articles, et quatre termes aux quatre articles, le terme le plus réussi comme mot clé étant « identité » lui-même associé au six articles. Parmi les 43 termes associés à plus d'un article, 20 (i.e. 46,5%) sont associés aux articles appartenants à plus d'une revue.

La distribution de la somme du nombre des mots clés associés aux articles du corpus de test de la

Piste 1 ($\Sigma_i N_{test_i} = 537$) dispose de propriétés suivantes :

$\text{mean}(N_{test}) = 5.712; \text{median}(N_{test}) = 5; \text{min}(N_{test}) = 1; \text{max}(N_{test}) = 12; \text{sd}(N_{test}) = 1.701.$

2.2.2 Piste 2

La distribution de $\Sigma_i N_{test_i} = 484$ mots clés attribués aux 93 documents contenus dans le corpus de test de la Piste 2 est caractérisé par les mesures suivantes :

$\text{mean}(N_{test}) = 5.204; \text{median}(N_{test}) = 5; \text{min}(N_{test}) = 2; \text{max}(N_{test}) = 10; \text{sd}(N_{test}) = 1.323.$

La consultation des fichiers de référence obtenus après la fin de la phase competitive de DEFT2012 nous permets à savoir que parmi 35 termes associés à plus qu'un article, seulement 10 (i.e. 28,6%) sont associés aux articles appartenants à plus d'une revue.

2.3 Que peut-on apprendre d'autre du corpus ?

Un rapide parcours du corpus de d'apprentissage et de la terminologie fournie pour la Piste 1, nous montre qu'au delà des fréquences, les mots-clé choisis par les auteurs respectent quelques règles :

- les mots-clés sont différents entre eux : les auteurs n'utilisent que rarement des mots-clés très proches ;
- ils sont assez souvent repris dans l'introduction et la conclusion de l'article ;
- leur catégorie morphosyntaxique ou grammaticale est très rarement « verbale », les mot-clés les plus utilisés sont des noms (communs ou propres), des adjectifs ou des groupes nominaux ;

Par ailleurs, comme on pouvait s'y attendre les mots-clés sont fortement liés sémantiquement au document, comme le montre la figure 2 :

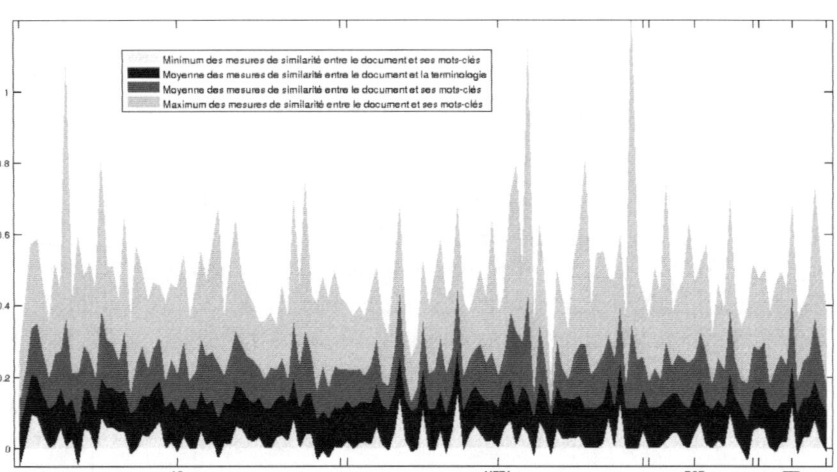

FIGURE 2 – Similarités document-mots-clés (min, max, mean) vs. document-terminologie (mean)

3 Espaces sémantiques

Les modèles de représentation vectorielle de la sémantique des mots sont une famille de modèles qui représentent la similarité sémantique entre les mots en fonction de l'environnement textuel dans lequel ces mots apparaissent. La distribution de co-occurrence des mots dans le corpus est rassemblée, analysée puis transformée en espace sémantique dans lequel les mots sont représentés comme des vecteurs dans un espace vectoriel de grande dimension. LSA (Landauer et Dumais, 1997), HAL (Lund et Burgess, 1996) et RI (Kanerva *et al.*, 2000) en sont quelques exemples. Ces modèles sont basés sur l'hypothèse distributionnelle de (Harris, 1968) qui affirme que les mots qui apparaissent dans des contextes similaires ont un sens similaire. La caractérisation de l'unité de contexte est une problèmatique commune à toutes ces méthodes, sa définition est différente suivant les modèles. Par exemple, LSA construit une matrice mot-document dans laquelle chaque cellule a_{ij} contient la fréquence d'un mot i dans une unité de contexte j. HAL définit une fenêtre flottante de n mots qui parcourt chaque mot du corpus, puis construit une matrice mot-mot dans laquelle chaque cellule a_{ij} contient la fréquence à laquelle un mot i co-occure avec un mot j dans la fenêtre précédemment définie.

Différentes méthodes mathématiques permettant d'extraire la signification des concepts, en réduisant la dimensionnalité de l'espace de co-occurence, sont appliquées à la distribution des fréquences stockées dans la matrice mot-document ou mot-mot. Le premier objectif de ces traitements mathématiques est d'extraire les «patrons» qui rendent compte des variations de fréquences et qui permettent d'éliminer ce qui peut être considéré comme du « bruit ». LSA emploie une méthode générale de décomposition linéaire d'une matrice en composantes indépendantes : la décomposition de valeur singulière (SVD). Dans HAL la dimension de l'espace est réduite en maintenant un nombre restreint de composantes principales de la matrice de co-occurrence. À la fin de ce processus de réduction de dimensionnalité, la similitude entre deux mots peut être calculée selon différentes méthodes. Classiquement, la valeur du cosinus de l'angle entre deux vecteurs correspondant à deux mots ou à deux groupes de mots est calculée afin d'approximer leur similarité sémantique.

3.1 *Reflective Random Indexing*

La méthode de construction d'espace sémantique utilisée est Reflective Random Indexing (RRI) (Cohen *et al.*, 2010a), c'est une nouvelle méthode de construction d'espaces sémantiques basée sur la projection aléatoire qui est assez différente des autres méthodes de construction d'espaces sémantiques. Ses particularités sont (i) qu'elle ne construit pas de matrice de co-occurrence et (ii) qu'elle ne nécessite pas, contrairement aux autres modèles vectoriels de représentation sémantique, des traitements statistiques lourds comme la SVD pour LSA. RRI est basée sur la projection aléatoire (Vempala, 2004; Bingham et Mannila, 2001), qui permet un meilleur passage à l'échelle pour grand nombre des documents. La construction d'un espace sémantique avec RRI se déroule comme suit :

- Créer une matrice $A(d \times n)$, contenant des vecteurs indexes, où d est le nombre de documents ou de contextes et n le nombre de dimensions choisies par l'expérimentateur. Les vecteurs indexes sont des vecteurs creux générés aléatoirement.
- Créer une matrice $B(t \times n)$, contenant des vecteurs termes, où t est le nombre de termes différents dans le corpus. Initialiser tous ces vecteurs avec des valeurs nulles pour démarrer la

construction de l'espace sémantique.
- Pour tout document du corpus, chaque fois qu'un terme τ apparaît dans un document δ, accumuler le vecteur index de δ au vecteur terme de τ.

à la fin du processus, les vecteurs termes qui apparaîssent dans des contextes similaires ont accumulé des vecteurs indexes similaire.

L'aspect « *Reflective* » dans RRI consiste à rejouer plusieurs cycles des trois étapes de l'algorithme non plus à partir de vecteurs aléatoires mais à partir des vecteurs indexes obtenues pour les documents. Ces cycles permettent de gommer l'aspect aléatoire de l'espace, le système convergeant généralement au bout d'un nombre réduit de cycles.

3.1.1 Semantic Vectors

Plusieurs implémentations libre de RRI sont disponibles, nous utilisons la librairie Semantic Vectors [1] (Widdows et Cohen, 2010). Semantic Vectors présente un certain nombre d'avantages par rapport aux autres librairies implémentant RRI, en particulier, parce qu'il offre, d'une part, une implémentation de RRI basé sur des indexes positionnels (Cohen *et al.*, 2010a) qui construit l'espace sémantique non plus en se basant sur les occurrences d'un terme dans un document mais dans une fenêtre glissante à la manière de HAL, cette version de RRI permet de capturer outre les informations sur la sémantiques des termes, des informations structurelles sur leur proximité. D'autre part, Semantic Vectors implante un certain nombre de mesures de similarité entre des groupes de mots, en particulier (i) la « disjonction quantique » (Cohen *et al.*, 2010b) qui permet de construire un volume correspondant à plusieurs termes dans l'espace sémantique et de calculer la distance entre ce volume et d'autres termes ou documents de l'espace ; (ii) « similarité tensorielle » qui prend en entrée une suite ordonnée de termes et calcule sa similarité avec d'autres suites ordonnées, exploitant ainsi les informations d'ordre provenant des indexes positionnels.

Semantic Vectors est utilisé dans nombre d'applications. Nous l'avons utilisé dans nos participations au DEFT depuis l'édition 2009. Dans des tâches proches de celle qui nous occupe, la librairie a été utilisée pour comparer RRI à d'autres méthodes d'espaces sémantiques pour la recherche de relations entre termes dans un corpus (Rangan, 2011).

3.2 Enrichir les espaces sémantiques avec des informations linguistiques

Dans le problème d'attributions de mots-clés à un texte, les termes utilisés comme mots-clés sont, pour une partie d'entre-eux, des groupes de mots. La sémantique associée à un groupe de mots dans espace sémantiques n'est pas aussi précise que celle associé à un mot : elle comprend des composantes de ce mots dans d'autres contextes. Pour pouvoir traiter la sémantique de ces groupes de mots, certaines méthodes de représentation du sens en espaces sémantiques telles que BEAGLE (Jones et Mewhort, 2007), PSI (Cohen *et al.*, 2009), ou encore RRI avec des indexes positionnels (Cohen *et al.*, 2010b; Widdows et Cohen, 2010), permettent d'encoder les informations sur l'ordre des mots. Nous avons voulu tester une autre méthode basée sur une analyse linguistique de surface du texte.

1. `http://code.google.com/p/semanticvectors/`

Le principe de cette méthode est d'identifier des groupes de mots candidats dans le texte via une phase de *chunking* (Abney, 1991) puis de construire des classes d'équivalence de chunks qui regroupent une majorité de mots identiques (après lemmatisation des mots) et qui sont sémantiquement proches - en se basant sur la sémantique, dans un espace sémantique "classique", des mots qu'ils contiennent -. Le corpus est alors transformé en remplaçant tous les chunks d'une même classe d'équivalence par un représentant de la classe et un nouvel espace sémantique est construit à partir de ce nouveau corpus, dans cet espace les représentants des classes de chunks sont considérés comme des mots.

Pour les besoins de la Piste 1, le *chunker* a été entrainé pour considérer comme chunk tous les mots-clés composés de la terminologie fournie. Dans la Piste 2 ce même chunker, ainsi que la procédure de construction de classes de chunks, sont utilisés pour construire une liste de mots-clés candidats.

4 Affectation de mots-clés comme procédure de décision mixte

4.1 Réseau Bayésien pour l'affectation de mots-clés

En analysant un corpus d'articles, nous cherchons, dans un premier temps, à déterminer la taille des différents mots-clés rattachés à un article donné. Dans un second temps, nous nous efforçons d'établir les probabilités d'appartenance de ces mots-clés à une liste pré-établie. Nous disposons pour chaque document du corpus des informations suivantes :

- les longueurs du résumé l et du texte L ;
- la revue R dans laquelle l'article est paru ;
- le nombre de mots-clés n et leurs tailles respectives $n_1, \ldots, n_n$ (*ie* le nombre de mots les composant) ;
- les similarités avec la totalité du lexique des mots-clés $(d_1, \ldots, d_N)$ (N taille de la terminologie) ;
- les mots-clés $(kw_1, \ldots, kw_n)$.

Il s'agit donc de trouver des relations entre les variables exogènes $(l, L, R, n, d_1, \ldots, d_N)$ permettant de prévoir le comportement des variables endogènes $(n_1, \ldots, n_n, kw_1, \ldots, kw_n)$. A cette fin, il faut disposer d'un formalisme de modélisation des connaissances adapté. Les réseaux bayésiens (Barber, 2012), étant des modèles graphiques auxquels sont associées des représentations probabilistes sous-jacentes, apparaissent comme particulièrement adaptés à notre cas d'étude.

Un réseau bayésien B est un couple (G, θ) où G est un graphe acyclique dirigé dont les noeuds représentent un ensemble de variables aléatoires $X = \{X_1, \ldots, X_n\}$ et $\theta_i = [P(X_i/C(X_i))]$ est la matrice des probabilités conditionnelles du nœud i connaissant l'état de ses parents $C(X_i)$.

L'intérêt des réseaux bayésiens est donc que leurs structures graphique et probabiliste permettent de prendre en charge une représentation modulaire des connaissances, une interprétation à la fois quantitative et qualitative des données. En effet, le graphe d'un réseau bayésien permet ainsi de représenter schématiquement les relations entre les variables du système à modéliser et les distributions de probabilités, elles, permettent de quantifier ces relations.

Le modèle que l'on se propose de construire est un réseau bayésien à variables discrètes (le nom de la revue R, les mots-clés kw_i, leur nombre n, leurs tailles n_i) et à variables continues (longueurs du résumé l, de l'article L et les similarité à la terminologie). C'est un modèle mixte, appelé modèle conditionnel gaussien, pour lequel la distribution des variables continues conditionnellement aux variables discrètes est une gaussienne multivariée. Cela implique qu'il peut y avoir des arcs partant de noeuds discrets vers des noeuds continus, mais pas l'inverse hormis pour le cas où les noeuds continus sont observables (ce qui est notre cas). Notons également que le nombre de variables $n_1, \ldots, n_n$ et $kw_1, \ldots, kw_n$ varie selon le nombre de mots-clés n ; le nombre de noeuds dans un réseau bayésien étant fixe, nous nous proposons de poser $n_1, \ldots, n_{25}$, les tailles des différents mots-clés avec $n_i = 0$ si $i > n$ et $kw_1, \ldots , kw_{25}$ les différents mots-clés avec $kw_i = NULL$ si $i > n$.

Pour résumer nous disposons des variables aléatoires suivantes représentées par les noeuds du réseau bayésien que l'on cherche à construire :

- R, le nom de la revue (variable discrète pouvant prendre 4 valeurs) ;
- l, la longueur du résumé (variable continue) ;
- L, la longueur de l'article (variable continue) ;
- n, le nombre de mots-clés (variable discrète pouvant prendre 25 valeurs) ;
- $n_1, \ldots, n_{25}$, la taille des mots-clés (variable discrète pouvant prendre 11 valeurs) ;
- $d_1, \ldots, d_{1062}$, les similarités à l'ensemble des mots-clés (variable continue) ;
- $kw_1, \ldots, kw_{25}$, les mots-clés (variable discrète pouvant prendre 1062 valeurs).

L'observation des distributions des documents entre les différentes revues nous permet d'affirmer que celles-ci sont similaires dans le corpus d'apprentissage et celui de test ; ce qui implique que le biais qu'introduit cette distribution n'impactera pas les performances du modèle à construire.

Les moyennes des longueurs de résumé l et d'article L présentent le même ordre de grandeur. Ces moyennes ne sont certes pas similaires dans le corpus d'apprentissage et celui de test, mais elles sont distribuées de la même manière, *ie* que les longueurs de résumé (respectivement d'article) sont égales dans le corpus d'apprentissage et dans celui de test au même facteur près. Notons également que les longueurs d'article et de résumé ne sont pas distribuées de la même manière ; cela veut dire qu'en plus de la relation directe évidente entre ces deux variables, il existe probablement une cause commune aux deux, ce qui se traduit dans la structure du réseau bayésien par la présence d'un parent commun.

Les distributions des nombres de mots par article (respectivement par résumé) peuvent être approximées par des mélanges de gaussiennes. Ces histogrammes sont similaires pour le corpus entier et pour celui d'apprentissage. Ce qui nous montre que l'échantillon étudié peut être considéré comme représentatif du problème. Toutefois, la relative disparité observée entre le corpus de test et celui d'apprentissage créera probablement un problème de biais qu'il faudra prendre en compte durant la construction du modèle.

Les histogrammes des nombres de mots par article (respectivement par résumé) représentent pour les différentes revues des distributions différentes. Ces variables sont donc directement reliées à la nature de la revue. Ces différentes distributions ont des formes quelconques, cependant, nous remarquons que l'on pourra les approximer par un mélange de gaussiennes ; ce qui nous conforte dans le choix d'un modèle conditionnel gaussien pour représenter ces variables dans un réseau bayésien.

En observant la monotonie des moyennes des similarités à la terminologie des mots-clés sur les différentes parties du corpus, nous remarquons qu'elle présente la même allure (et même quasiment le même tracé) dans tous les cas (corpus entier, corpus d'apprentissage, revue en particulier, ...). Cela nous permet de supposer que la sélection de mots-clés se fait strictement de la même manière partout, et donc l'idée d'en faire un modèle mathématique est parfaitement cohérente.

Sur la base de ces différentes observations, prenons un exemple de structure de réseau bayésien reliant les variables de notre problème. Par convention, les variables discrètes sont représentées par des noeuds carrés, les variables continues par des noeuds ronds et les variables observables par des noeuds ombrés (figure 3).

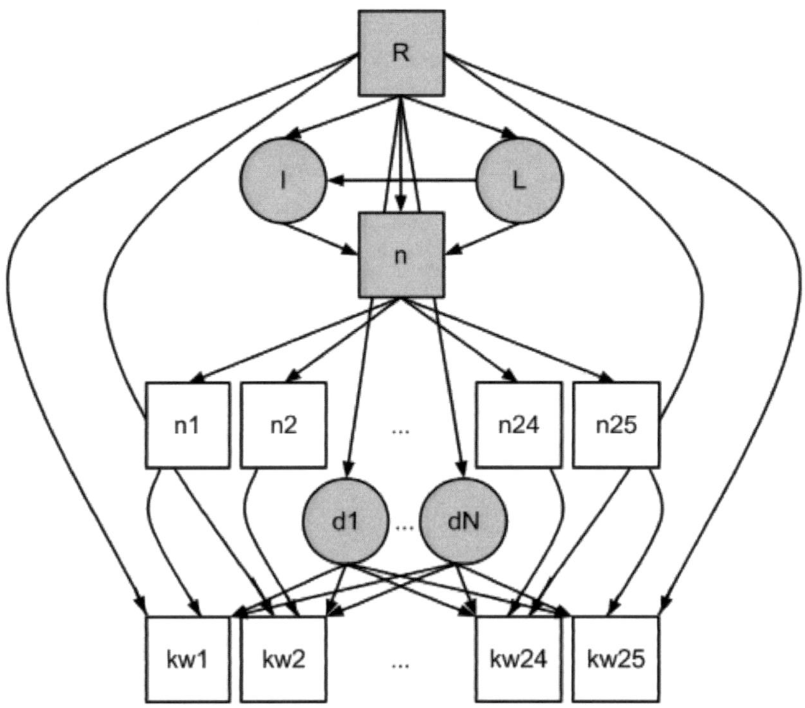

FIGURE 3 – Structure du réseau bayésien appris sur le corpus

4.2 Combiner des décisions statistiques avec du raisonnement à base de règles

Les récents travaux en intelligence artificielle sur la combinaison de méthodes de décision statistiques et de raisonnement à base de règles de production, comme les *Règles de Production Probabilistes* (PPR) de (Aït-Kaci et Bonnard, 2011), nous offrent un cadre pour modéliser une procédure de décision qui prend en compte ce qui est appris par le réseau bayésien décrit ci-dessus, et les connaissances symboliques encodées dans les règles sur le choix des mots-clés dont nous avons donné des exemples en 2.3.

Le principe de fonctionnement du système de décision, construit en se basant sur PPR, est de calculer un score pour chacun des mots-clés pour un document donné. Ce calcul est réalisé en utilisant des règles pouvant faire appel au réseau bayésien. Par exemple, la règle "*les mots-clés sont différents entre eux*" peut se traduire par la règle production "*si deux mots-clés sont proches alors augmenter le score de celui qui est le plus haute probabilité d'être un mot-clé du document et réduire l'autre*" qui s'écrit :

```
IF similarity(kw1, kw2) > seuil AND bnproba(kw1|doc) > bnproba(kw2|doc)
THEN increase-score(kw1, doc) AND decrease-score(kw2, doc)
```

Le système de règles que nous avons utilisé contient une quinzaine de règles. Nous ne pouvons pas les détailler ici par manque de place.

5 Les exécutions soumises

La table 1 résume les exécutions soumises par notre équipe. Ses résultats sont très satisfaisants pour toutes les approches que nous avons utilisé. La moyenne de F-score pour la Piste 1 pour l'ensemble des participants étant de 0,3575 et pour la Piste 2 de 0,2045. On notera que les premières exécutions pour les deux pistes (1.1 et 2.1) qui sont nos exécutions de base donnent des résultats corrects en des temps relativement bas.

Run	Precision	Rappel	F-score	Temps (en s)
1.1	0.4618	0.4618	0.4618	2
1.2	0.9479	0.9497	**0.9483**	7590
1.3	0.7486	0.7486	0.7486	-
2.1	0.2438	0.2438	0.2438	26
2.2	0.3471	0.3471	0.3471	269
2.3	0.5879	0.5867	**0.5873**	12700

TABLE 1 – Résultats soumis : performance et temps d'éxecution

5.1 Piste 1

5.1.1 Run 1.1 – *baseline* : RRI et k-NN

Dans cette exécution qui constitue notre *baseline*, nous avons construit un espace sémantique RRI avec l'ensemble des documents du corpus (appr + test), un document étant constitué par la concaténation du résumé et du corps de l'article. Puis pour chaque document d du corpus de test, nous avons retenu comme mots-clés les k plus proches voisins du document dans la terminologie, k étant le nombre de mots-clés pour le document d. Le vecteur pour un mot-clé kw_i composé des mots $w_1, ..., w_n$ étant obtenu en sommant les vecteurs des mots qu'il contient.

$$\vec{kw_i} = \Sigma_i \vec{w_i} \quad (1)$$

5.1.2 Run 1.2 – RRI(chunks), BN et règles

Dans cette exécution, qui a obtenu le meilleur résultat, nous avons construit un espace sémantique "enrichi" comme nous l'avons décrit dans la section 3.2, mais dans lequel un document était représenté par quatre vecteurs, un pour le résumé, un pour le corps de l'article et deux vecteurs pour le premier et le dernier paragraphe de l'article (que nous avons pris comme approximation de l'introduction et la conclusion) . Nous avons ensuite appris le réseau bayésien décrit en 4.1 en utilisant les distances entres les documents et les mots-clés obtenues sur cet espace. Enfin, nous avons utilisé la procédure de décision décrite en 4.2 pour affecter un score à chacun des mots-clés, les mots-clés retenus sont les k ayant les plus hauts scores (k étant le nombre de mots-clés pour le document).

5.1.3 Run 1.3

Dans le cadre de ce run, on a combiné les résultats de run 1 et run 2, en donnant une légère préférence aux candidates-termes lesquels sont plus longues que d'autres termes-candidates. On a donc combiné, par exemple, les termes-candidates de run1 :

> *Catalogne ; Narotzky ; conflit ; contexte ;district industriel ; femmes ; production traductionnelle ; production écrite ; réseau*

avec les termes-candidates de run 2 :

> *Espagne ; Narotzky ; anthropologie économique ; district industriel ; féminisme ; histoire ; réseaux de production ; économie politique ; économie régionale*

pour obtenir la liste des candidates de run3 :

> *district industriel ; réseaux de production ; économie politique ; production traductionnelle ; anthropologie économique ; Narotzky ; économie régionale ; production écrite ; féminisme*

Le score du candidat était calculé par la formule :

$$score = F_r * (l - F_a) \qquad (2)$$

où F_r est la fréquence relative du terme-candidat dans l'article analysé, F_a est la fréquence absolue du terme-candidat dans tous les articles du corpus et l est le nombre de caractères du terme-candidat.

5.2 Piste 2

5.2.1 Run 2.1 – *baseline* : RRI et k-NN

Cette exécution est identique à la première exécution de la Piste 1 5.1.1, la terminologie obtenue par la méthode décrite en 3.2 contient 3000 candidats mots-clés.

5.2.2 Run 2.2 – RRI(PositionalIndex), Tensor Similarity et k-NN

Dans cette deuxième exécution, nous avons utilisé la même terminologie que pour 2.1, mais l'espace sémantique a été construit en utilisant RRI sur des indexes positionnels. Le calcul des vecteurs de mots-clés utilise l'opérateur Tensoriel de Semantic Vectors. Les mots-clés retenus pour un document d sont les k plus proches voisins du document d dans la terminologie, k étant le nombre de mots-clés pour le document d.

5.2.3 Run 2.3 – RRI(chunks), BN et règles

Cette exécution est identique à la deuxième exécution de la Piste 1 décrite en 5.1.2, la terminologie obtenu par la méthode décrite en 3.2 à laquelle on ajouté les mots-clés du corpus d'apprentissage elle contenaint 3270 candidats mots-clés.

5.3 Discussion

Nous pouvons voir que les exécutions 1.2 et 2.3 sont celles qui obtiennent les meilleurs résultats, ce qui nous conforte dans nos hypothèses de départ. Les exécutions officielles nous ne permettent pas de comparer les performances des espaces "enrichis" par des chunks et des espaces RRI avec indexes positionnels, nous avons effectué une exécution 2.2bis avec un espace "enrichi" et k-NN le F-score obtenu est de 0.4186, le résultat est sensiblement meilleur que l'exécution 2.2.

Rappelons que pour le 1.3, on a combiné les résultats de 1.1 et 1.2 de en donnant plus de poids aux candidates-termes longues (cette règle n'ayant pas été incluse dans le système de règles décrit en 4.2). Etant donné que le F-score obtenu (0.7486) se trouve au mi-chemin entre le F-score de 1.1 et de 1.2, nous ne pouvons pas réellement conclure quand à la pertinence de cette règle.

Conslusion

Dans cet article, nous avons présenté un système d'attribution de mots-clés à des articles scientifiques, qui se base sur des espaces sémantiques construit en utilisant RRI. Puis nous avons essayé d'améliorer les performances du systèmes par deux moyens : (i) en enrichissant les espaces sémantiques par des informations issues d'une analyse linguistique de surface, et (ii) en définissant une procédure de décision basée sur une combinaison de réseaux bayésiens et de systèmes à base de règles. Les résultats obtenus montrent que ces deux hypothèses se sont révélées payantes et qu'elles améliorent sensiblement les résultats obtenus par une approche RRI seul (qui obtient déjà des résultats honorables).

Références

ABNEY, S. (1991). *Principle-Based Parsing*, chapitre Parsing By Chunks. Kluwer Academic Publishers.

AÏT-KACI, H. et BONNARD, P. (2011). Probabilistic production rules. Rapport technique, IBM.

BARBER, D. (2012). *Bayesian Reasoning and Machine Learning*. Cambridge University Press.

BINGHAM, E. et MANNILA, H. (2001). Random projection in dimensionality reduction : Applications to image and text data. *In in Knowledge Discovery and Data Mining*, pages 245–250. ACM Press.

COHEN, T., SCHVANEVELDT, R. et RINDLESCH, T. (2009). Predication-based semantic indexing : Permutations as a means to encode predications in semantic space. *In Proceedings of the AMIA Annual Symposium*, pages 114–118.

COHEN, T., SCHVANEVELDT, R. et WIDDOWS, D. (2010a). Reflective random indexing and indirect inference : A scalable method for the discovery of implicit connections. *Biomed Inform*, 43(2): 240–256.

COHEN, T., WIDDOWS, D., SCHVANEVELDT, R. et RINDLESCH, T. (2010b). Logical leaps and quantum connectives : Forging paths through predication space. *In Proceedings of the AAAI Fall 2010 symposium on Quantum Informatics for cognitive, social and semantic processes (QI-2010)*.

EL GHALI, A. (2011). Expérimentations autour des espaces sémantiques hybrides. *In Actes de l'atelier DEFT'2011*, Montpellier.

HARRIS, Z. (1968). *Mathematical Structures of Language*. John Wiley and Son, New York.

JONES, M. N. et MEWHORT, D. J. K. (2007). Representing word meaning and order information in a composite holographic lexicon. *Psychological Review*, 114(1):1–37.

KANERVA, P., KRISTOFERSON, J. et HOLST, A. (2000). Random Indexing of Text Samples for Latent Semantic Analysis. *In* GLEITMAN, L. et JOSH, A., éditeurs : *Proceedings of the 22nd Annual Conference of the Cognitive Science Society*, Mahwah. Lawrence Erlbaum Associates.

LANDAUER, T. K. et DUMAIS, S. T. (1997). A Solution to Plato's Problem : The Latent Semantic Analysis Theory of Acquisition, Induction and Representation of Knowledge. *Psychological Review*, 104(2):211–240.

LUND, K. et BURGESS, C. (1996). Producing high-dimensional semantic space from lexical co-occurence. *Behavior research methods, instruments & computers*, 28(2):203–208.

RANGAN, V. (2011). Discovery of related terms in a corpus using reflective random indexing. *In Proceedings of Workshop on Setting Standards for Searching Electronically Stored Information In Discovery Proceedings (DESI-4)*.

SAHLGREN, M. (2006). *The Word-Space Model : Using distributional analysis to represent syntagmatic and paradigmatic relations between words in high-dimensional vector spaces*. Thèse de doctorat, Department of Linguistics Stockholm University.

VEMPALA, S. S. (2004). *The Random Projection Method*, volume 65 de *DIMACS Series in Discrete Mathematics and Theoretical Computer Science*. American Mathematical Society.

WIDDOWS, D. et COHEN, T. (2010). The semantic vectors package : New algorithms and public tools for distributional semantics. *In Proceedings of the Fourth IEEE International Conference on Semantic Computing (IEEE ICSC2010)*.

Index

Association for Computational Linguistics
209 N. Eighth Street
Stroudsburg, Pennsylvania 18360

CURRAN ASSOCIATES INC
proceedings.com